박원순 ∨ 죽이기
Spring

박원순 죽이기

초 판 1쇄 인쇄 2020년 7월 10일
초 판 1쇄 발행 2020년 7월 15일

지은이 황 세 연
상 무 이 미 숙
교 정 이 동 영
마케터 김 동 현
디자인 EG 디자인
CTP 예컴정판
인 쇄 예컴인쇄
제 본 동신제책
발행처 도서출판 **중원문화**
주 소 서울시 마포구 서강로 11길-24(창전 2-33)
주문처 02-325-5534 FAX 02-324-6799
ISBN 978-89-7728-536-1(03070)

박원순 ^{Spring} 죽이기

황세연 지음

2020

© Copyright 2020 by Hwang, sei-youn
Printed 2020 by Jungwon-munhwa Publishing Co.

박원순 죽이기 ◆ 차례

서 문

    필자가 이 글을 쓰게 된 까닭은 이 땅에 **친일부역 세력**과 **독재
부역 세력**들이 차기 대통령으로 당선되는 일은 없어야 되겠기에
이를 막고자 이 책을 집필하게 되었음을 먼저 밝혀둔다!

    현대에 들어와 KOREA라는 이미지는 세계를 깜짝깜짝 놀라게
하고 있다. 제3차 산업인 정보화시대를 넘어, 그리고 이제 제4차
산업 '스타트 업' 국가로 부상 중에 있다.

    우리 민족은 조선 시대 **사대주의**와 **당파싸움**에 의해서 1905년
일본에게 진혼곡 하나 울리지 못하고 힘없이 나라를 통째로 넘겨
준 이래 지도상에서 없어져버린 나라였다.

    그러나 그 이후 우리 민족은 커다란 세계사적인 일들을 만들어
냈다. 1909년 10월 26일 하얼빈에서 안중근 의사의 이토 히로부
미 암살, 1919년의 3.1 독립운동, 1920년 6월 4일 홍범도 장군
의 봉오동 전투, 1920년 10월 21일~26일까지의 청산리전투, 이
후 김구 선생님이 이끌었던 대한민국 임시정부, 그리고 1936년
제11회 베를린 올림픽대회에서 손기정 선수의 금메달 소식 등등
한민족의 울림은 계속되고 있었다. 그리고 1945년 우리는 마침내
해방을 맞았다.

    해방 후에도 한국은 세계의 이목을 집중시켰다. 1950년의 한국

전쟁은 상처 위에 또 하나의 커다란 상처를 얹어 주었다. 거기다
일제와 다름없이 진행되는 이승만 독재는 올바른 민주정치를 방
해하였다. 결국 터져 버린 4.19혁명, 그러나 군사쿠데타에 의하여
다시 시작된 박정희의 유신독재, 1979년 10월 26일 박정희 암살,
그리고 1980년 5월 18일 민족학살을 통해 다시 일어선 전두환과
노태우의 군사독재, 하지만 6.10항쟁과 계속된 민주화운동을 통하
여 우리는 현재의 민주주의를 이루어 내었다.

　물론 서구유럽도 민주주의가 쉽게 얻어진 것은 아니다. 영국은
'명예혁명'이라고는 하나 사실상 지배자들이 민중의 힘 앞에 굴복
한 것이다. 프랑스는 대혁명을 통하여 지배자들을 모두 죽여 버렸
다. 그러나 우리나라는 일제하에서도 끈질긴 독립운동을 쉬지 않
고 진행하였고, 또 해방 후에도 열심히 일하면서 한편으론 민주화
운동을 병행하며 지금의 민주주의를 이룩하였고, 아울러 경제대국
도 이루었다. 그러나 중국이나 북한, 또는 일본 등은 스스로 민주
주의를 쟁취하지 못한 나라들이다. 따라서 특히 일본은 과거나 지
금이나 미래나 주변 나라들과 갈등하며 극우로 전락하면서 후진
국으로 변할 것이란 걸 예상해 볼 수 있다.

　이제 KOREA는 우리 스스로 쟁취한 민주주의를 발판 삼아 세
계로 뻗어나가고 있다. 독재로 억눌려 있던 민중의 창의력은 3차
혁명인 사이버(Cyber) 강국을 만드는 데 성공하였으며, 이제 문화
부문에서 K-POP을 선두로 하여, 봉준호 감독의 아카데미상 수상
까지 인문·사회·자연과학 등에서 독보적인 존재로 성장하고 있
는 중이다.

그리고 2019년을 원년으로 4차 혁명시대라 일컫는 5G시대에 진입하였다. 4차 혁명시대에 진입하자마자 불어 닥친 세계적인 전염병 '코로나19'는 문재인 정권이 21대 총선을 압승케 하는데 도움을 주었다. 더욱이 부동산 폭등이 나라의 근간을 흔들고 있는데도 그 현상을 가려주었다. 과연 문재인 정권은 대북정책이나 부동산 정책에서 성공한 정부일까?

필자가 보기에 **COVID-19**가 문재인 정권의 실패를 성공으로 뒤바꿔주고 있는 것처럼 보인다. 이러한 '코로나19에 의한 안개 정국'은 국내 질서(21대 총선)뿐만이 아니라 세계의 정치지도, 즉 세계질서까지 새롭게 재편되는 양상을 보이고 있다.

바로 이러한 시점에서 차기 대통령으로 누구를 선택할 것인가는 대한민국의 미래를 가늠하는 중차대한 일이라 하지 않을 수 없다. 그래서 필자는 차기 대선 후보에서 누가 우리나라의 지도자가 되어야 하는가를 분석하기 위하여「더민주당」세력판도를 살펴보기로 하였다. 다시 말해 제21대 국회의원 중 핵심이 누구이며, 앞으로 누구를 차기 대통령으로 할 것인가, 또 어떻게 진화·발전해 나갈 것인가에 대한 이야기를 하고 싶다. 그리고「더민주당」내부를 보면서 이러한 계파정치가 과거 **조선시대 사대주의**와 **당파싸움**을 방불케 할 것이라고 단정 짓고 '박원순 죽이기'가 아닌 '박원순 살리기'로 가야 한다는 점을 분명히 하고자 이 글을 쓴다.

대한민국이 여기까지 올 때는 그냥 오지 않았다. 수많은 민중들이 죽음을 통하여 오늘날 이 땅에 민주·평화를 안겨주었다. 우리는 죽음으로 일궈낸 민주주의를 잘 지켜 내야 할 의무가 있다. 이는 선택이 아니고 **필수**이다. 피로 얻어진 민주주의를 아무 생각 없이 지켜낸다는 건 불가능하다. 역사를 잊은 민족은 미래가 없다. 지역감정에 의해서 무디어져 버린 민주화운동 정신을 다시 무덤에서 꺼내어 소중하게 다듬어서 후손들에게 물려주어야 한다. 그렇지 않으면 아직도 도사리고 있는 **친일잔당**과 **독재잔당**들에게 소리 없이 고귀한 민주주의를 빼앗겨 버릴 수도 있다. 때문에 여당과 야당에 도사리고 있는 **친일세력**과 **독재세력**이 다시는 일어서지 못하게 차기 대통령은 이를 지켜줄 진보적 인물로 선택해야 한다. 동시에 4차 혁명시대에 대한민국을 세계 1등 강국으로 끌어올려 줄 그런 인물을 선택해야 한다. 바로 그런 사람이 대통령이 되어야 우리나라가 발전을 멈추지 않고 더 진보할 수 있다. 첫째로 그런 대권 후보는 민주화운동에 몸담았던 인물이어야 한다. 둘째로 '코로나19' 이후의 미래를 이끌고 갈 수 있는, 즉 4차 혁명을 리드할 수 있는 인물이어야 함은 물론이고, 셋째로 '코로나19'로 한 치 앞도 안 보이게 폭등한 부동산 값을 20여 년 전으로 돌려놓을 인물로 선택해야한다.

필자는 이 책을 통하여 박원순이 왜 대통령이 되어야 하는가를 하나하나 짚어가려고 한다. 하지만 모든 것을 완벽하게 짚어갈 수만은 없기에 매우 많은 오류도 있을 것임은 부인하지 않겠다.

필자는 '5.18 민주유공자'이자 '민주화운동가'로 40여 년을 살아왔기에 민주주의에 역행하는 여당이나 야당을 보고 너무 실망하고 있는 사람이다. 바로 이 책을 집필하게 된 동기도 여기에서 시작되었다. 민주화되지 못하고는 있는 여당이나 야당을 보면서 박원순이 대통령이 된다면 뿌리 깊은 한국정치의 폐단을 단번에 해결할 것이라는 희망을 갖고 지지율이 하락하고 있는 박원순을 보면서 이는 인위적인 조작이지, 자연적인 현상은 아니라는 판단을 하게 되었다. 바로 이러한 연유로 여러 번 무소속으로 국회 진출을 시도했던 필자의 경험을 토대로 이 글을 썼음을 밝혀둔다.

필자는 철학자겸 출판인이기에 제1부는 비교적 철학적 논리로 접근하였으며, 제2부는 그동안 가끔씩 써놓았던 글들을 옮겨 놓았다. 그리고 제3부는 필자의 고향 전라도 정치 이야기와 2022년도 대통령 선거와 지방자치선거를 언급하였다. 또 맨 마지막에는 논란이 되고 있는 '5.18 민주화운동'에 대하여 5.18 사형수였던 김종배 씨의 대담을 '부록'으로 담았다.

마지막으로 이 책을 안중근 의사와 같이 조국 독립과 민주주의를 위해 산화하시고 국립묘지에 묻힌 지사들과 아직도 국내에 들어오지 못하고 있는 지사나 유공자가 되지 못하고 구천을 떠돌고 있는 영혼들에게 바친다.

익산시 중앙로 사무실에서

저자 황 세 연

제1부 박원순에 대하여

"촛불 민심에는 완전히 새로운 대한민국을 만들자는 염원
이 깊이 깔렸다."─박원순

친문과 비문이란 무엇인가?

더불어 민주당의 친문세력 분석

언론사 '머니투데이' 김성휘 기자가 '피렌체의 식탁'에 쓴 칼럼에서 민주당 내의 계파를 분석한 글이 있었다.[1] 즉 문재인 대통령측 사람을 친문그룹으로 이름 짓고, 그 친문그룹을 3등분하는 형태였다. 1차로 **핵심친문그룹**, 2차로 **친문그룹**, 3차로 **신(新)친문그룹**이라는 형식으로 그룹을 나누고 있고, 또 도표까지 상세하게 만들어 놓은 걸 본 바가 있었다.

그리고 글과 도표를 읽어 보니 고개가 끄덕여졌다. 하지만 그 분석하는 방법은 필자와 달랐다. 필자는 지금까지 이데올로그 중심으로 계파를 분석하고 있었는데, 김성휘 기자는 친밀도 중심으로 분석하고 있는 점이 달랐다. 어찌 되었든 중요한 건 그럼 '왜 이것을 분석하는가'일 것이다. 이는 바로 차기 대통령 후보를 이들이 결정할 수 있기 때문이다. 과거 3김 시절에는 인물 중심으로 지역 연고를 따져 세력이 형성되었다면 이제는 한 개인을 중심으로 힘의 축이 형성되는 게 아니고, 어떠한 세력에서 어떠한 개인

---

1) ㈜메디치미디어에서 발행하는 2020년 4월 21일자 '피렌체의 식탁' 참조.(https://firenzedt.com)

을 만들어내는 소위 조선시대 당쟁처럼 파벌로 진행되고 있다는 점이다. 따라서 지금 필자가 분석하는 친문세력 분석은 대한민국을 바로 세우는 길에 있어서 중요한 작업이라고 하지 않을 수 없다. 근대조선이 멸망한 결정적 이유는 국민·정의·도덕·윤리 등은 내팽개치고 자기들의 이익만을 위하여 왕(王)을 결정하고, 또 후에는 그 왕과 옹립한 당파와 그 반대파 사이의 싸움을 이어가는 정치 때문이었다. 이러한 당파싸움은 임진왜란 때도 병자호란 때는 물론이고 조선 말기까지 계속되었다. 따라서 과거의 역사를 거울로 삼아, 이런 당파싸움이 또다시 재현되고 있는 것을 보며 우리나라 대통령은 「더민주당」 계파들이 만들어 내는 것이 아니라, 바로 우리 자신 즉, 우리 국민의 힘으로 우리들이 선출해야 함을 강조하고 싶어서 이 글을 쓰고 있다.

그런데 재미있는 사실이 얼마 전에도 있었다. 바로 「민생당」이라는 당의 몰락을 보면서 우리는 국민의 이익은 안중에도 없고 자신들의 이익만을 위해 합당하고 국민들에게 아무런 감동도 주지 못하고 스스로 몰락한 현실을 볼 수 있었다. 그들은 국민도 정의도 윤리도 없었다. 이를 「더민주당」은 타산지석(他山之石)으로 삼아야 할 것이다.

그렇다면 「더민주당」에서 ① **핵심친문그룹**이란 어떠한 사람들일까? 동지적 유대감 강한 20여 명이 여기에 해당하며, 주로 친(親)노무현에 뿌리를 두고 있다. 그리고 이들은 20여 년간 동고동락한 사람들을 가리키는 것처럼 보인다. 하지만 이 속에는 「전대협」(「전국대학생대표자협의회」)이라는 깊은 또 하나의 뿌리가 자리하고 있다고 볼 수 있다. 이에 대해서는 차차 설명해 나가기로 하자.

② **일반적 친문그룹**은 2012년 총선과 2017년 대선 당시 합류한 세력으로 1973년 유신시절 제13회 행정고시에 합격한 김진표 등 박정희 군사독재시대 관료 출신부터 개성 강한 중진 등이 여기에 포함된다. 마지막으로 ③ **신(新)친문그룹**은 2017년 대선과 21대 총선 때 영입 인사가 주류를 이루며 초선 의원 68명 대부분을 일 컫는다고 할 수 있겠다.

그동안 친문그룹을 규정한 주요 기준은 좁게는 문재인 대통령 만들기에 나섰던 그룹, 넓게는 문재인 대통령과 인간적·정치적 인 연을 다양하게 맺은 경우, 가장 넓게는 「더민주당」에 영입된 초선 의원 등으로 분류된다. 이러한 3종류의 그룹은 각각 **핵심친문**, **일 반친문**, **신(新)친문**이라고 부를 수 있다. 3그룹을 합하면 최소 60 명, 최대 90명 안팎으로 분석된다. 여기서 우리는 소위 1987년 '전대협' 출신 주사파를 중심으로 형성되었던 '친노그룹'이 분화되 는 현상을 한눈으로 볼 수 있다.

그렇다면 차기 대통령선거는 「전대협」 출신을 근간으로 한 친 노계열과 새로이 형성된 친문그룹 사이의 갈등이냐, 협력이냐라는 변증법적 관계에 맞닥뜨려 있다. 여기서 필자는 21대 국회의원 당 선자를 중심으로 이를 차근차근 자료를 근거로 분석해 보기로 하 였다. 물론 국회의원은 아니지만 임종석 전 대통령비서실장, 조국 전 장관, 유시민 「노무현재단」 이사장 등도 빠뜨리지 않는 것은 당연한 일이다 할 것이다. 김경수 경남도지사, 양정철 민주연구원 장은 비록 국회의원은 아니지만 핵심 중의 핵심으로 꼽힌다. 박남

핵심친문(주요인사/19명)			
이름	選數	지역	문재인정부 역할/경력
유호중	4	경기	당 사무총장(이해찬 체제)
홍영표	4	인천	환노위원장, 원내대표
전해철	3	경기	참여정부 민정수석
강병원	2	서울	대선캠프 환경노동특보단장
권칠승	2	경기	참여정부 행정관
김성환	2	서울	이해찬 대표 비서실장
김정호	2	경남	영농법인 봉하마을 대표
김종민	2	충남	참여정부 대변인
전재수	2	부산	참여정부 제2부속실장
박광온	2	경기	당 최고위원
최인호	2	부산	참여정부 대통령비서실 국내언론비서관
한병도	2	전북	청와대 정무수석
황희	1	서울	참여정부 대통령비서실 행정관
김영배	1	서울	민정비서관, 정책조정비서관
민형배	1	광주	사회정책비서관
윤건영	1	서울	국정기획상황실장
정태호	1	서울	일자리수석
양향자	1	광주	공무원인재개발원장
고민정	1	서울	청와대 대변인

춘 인천시장도 비슷하다.

1) 핵심친문그룹

핵심친문그룹의 주요 인사는 20여 명 정도로 오랜 '정치적 동지'로 파악되고 있다. 친문의 3그룹 중 가장 핵심적이고 중심적인 인물들이 여기에 해당한다. 이들 앞에서도 언급한 바와 같이 친노에 뿌리를 둔 그룹이다.

친노 출신은 고(故) 노무현 전 대통령과 가까웠거나 참여정부 시절 청와대에서 일한 경력을 갖고 있다는 점이다. 그러면서 '문재인을 대통령으로' 만들자는 정치적 결의를 굳게 공유하고 실천한 사람들이다. 이 범주에는 윤호중, 홍영표, 전해철 의원 등이 있다. 이 중에서 전해철 의원은 문재인 대통령을 따라 민정수석을 지냈다. 그리고 강병원, 권칠승, 김성환, 김종민, 전재수, 최인호, 황희 의원과 김영배, 민형배, 윤건영, 이광재, 정태호 의원 등은 노무현 정부 청와대 출신이다. 당시 비서실장, 민정수석, 시민사회수석을 지낸 문 대통령에겐 동료였다. 이들 중 대부분은 문재인 대통령이 낙선한 2012년 대선 당시부터 당 안팎에서 와신상담, 악전고투를 마다하지 않았다. 이 핵심그룹은 그 무렵부터 형성되었고 할 수 있겠다.

이 가운데 문재인 정부 청와대에도 몸담은 인사 가운데 맏형격인 정태호 의원을 중심으로 김영배·민형배 의원이 포진해 있다. 정태호 당선자는 이해찬 대표의 보좌관 출신이다. 문재인 대통령의 마음을 가장 잘 안다는 윤건영 의원도 있다.

그리고 참여정부 청와대 출신은 아니지만 문 대통령의 정치입
문 때부터 결합한 경우가 있다. 합류 시기는 더 늦을망정 문재인
정부의 청와대 경험이 있거나 문 대통령을 지근 거리에서 보좌한
인사도 여기에 포함된다.

전북 익산의 한병도 의원은 청와대 정무수석을 지냈다. 그는 임
종석 전 청와대 비서실장 라인이다. 한마디로 임종석 전 비서실장
의 오른팔은 된다는 것이고 동지라는 것도 맞겠지만 스스로의 행
동반경은 좁다고 할 수 있겠다. 박광온 의원은 2012년 대선 때
캠프 대변인을 지내면서부터 가까이에서 문재인 대통령을 보좌해
왔다. 초선이지만 2016년 합류한 광주 양향자 의원, 2017년 영입
된 고민정 의원 등도 정서적 거리로 보면 핵심그룹으로 분류할
수 있다. 따라서 핵심친문을 생각할 땐 경력·이력보다 문 대통령
을 중심으로 단단하게 뭉쳐 있는 세력이라고 볼 수도 있겠으나
사실은 임종석 전 청와대 비서실장의 범주 안에 들어 있다고 보
는 것이 타당할 것이다. 다시 말해 과거 전대협의 피가 여기에 삼
투되었다고 필자는 보고 있다.

2) 친문그룹

문재인 대통령이 독자적 정치행보를 시작한 2012년 총선과 대
선 당시 합류했거나, 2015년~2016년 당 대표 시절, 2017년 대선
국면까지 단계적으로 영입된 인사들이다. 참여정부 시절부터 인연

친문그룹(재선 이상 주요인사/22명)			
이름	選數	지역	문재인정부 역할/경력
박병석	6	대전	중국 일대일로정상포럼 대통령특사
김진표	5	경기	국정기획자문위원장(인수위)
송영길	5	인천	북방경제협력위원장
김영주	4	서울	고용노동부 장관
김태년	4	경기	당 정책위의장
김경협	3	경기	참여정부 청와대 비서관
김민기	3	경기	국회 정보위원장
도종환	3	충북	문화체육관광부장관
서영교	3	서울	당 원내수석부대표
윤관석	3	인천	당 수석대변인
이광재	3	강원	17 18대 국회의원
이학영	3	경기	한국YMCA 전국연맹 사무총장
진선미	3	서울	여가부장관
김병기	2	서울	국정기획자문위원회 위원
맹성규	2	인천	국토교통부 제2차관
박재호	2	부산	참여정부 대통령비서실 정무2비서관
박정	2	경기	총괄본부 부본부장
박주민	2	서울	당 최고위원
신정훈	2	전남	농어업비서관
이재정	2	경기	당 대변인
조승래	2	대전	참여정부 사회조정비서관
진성준	2	서울	청와대 정무기획비서관

은 있지만 친문 색채가 비교적 덜한 경우도 포함된다. 문재인 대통령 집권 후 장·차관으로 발탁했던 정치인 또는 관료 출신도 상당수다.

김진표 의원은 참여정부에서 두 차례 부총리(경제부총리, 교육부총리)를 지냈다. 문 대통령의 당 대표 시절 경기지사에 도전했으며, 집권 후에는 사실상의 대통령직 인수위원회인 국정기획자문위원회 위원장을 맡았다. 하지만 박정희 유신독재 시절 행정고시로 입문한 인물로 당시 민주화운동에 참여했던 사람들은 김진표를 해바라기로 보고 있다. 정확하게 말하면 반공(反共)주의자이다. 그런데 주사파가 중심이 된 소위 전대협과 어떻게 친문으로 함께 활동하고 있는지 놀라운 인물임에는 틀림없다.

김태년 의원은 「더민주당」 정책위의장을 지냈다. 박범계 의원은 노무현 정부 청와대에서 민정 2비서관, 법무비서관을 지냈다. 진선미 의원은 여성가족부 장관, 김영주 의원은 고용노동부 장관을 지냈다. 도종환, 윤관석, 진성준 의원 등은 2012년 대선 때도 활약했다. 수도권 당선자 중에선 김경협, 김민기, 김병기, 맹성규, 박정, 박주민, 서영교, 이재정, 이학영 의원 등을 꼽을 수 있다.

지역별로 보면 부산은 두 대통령의 정치적 고향이다. 모두가 친문 같지만 그 색깔은 조금 다르다. 전재수 의원은 '핵심'그룹이다. 2012년 대선 국면에서 안철수 후보에 대한 공격수로 나섰다. 박재호 의원은 부산지역에 강하다는 평가를 받는다.

대전의 조승래 의원, 전남의 이개호, 신정훈 의원, 광주의 송갑석 의원, 제주의 송재호 의원도 친문 성향이 있다고 보아야 한다.

이개호 의원은 농림축산식품부 장관을 역임했고, 송재호 의원은 '국가균형발전위원장'을 역임했다.

넓게 보면 '친문'이되 '자기 색깔'이 강한 중진 의원들도 친문그룹에 든다. 6선의 박병석 의원은 중앙일보 언론인 출신으로 여야를 통틀어 최다선 의원이다.

5선 반열에 오른 송영길 의원, 4선의 노웅래 의원, 3선의 김민석, 유기홍 의원은 정치 행보를 보면 아무래도 독자성이 강한 편이다. 춘천에서 마침내 김진태를 꺾은 허영 의원, 20대 국회를 쉰 정청래 의원도 그렇다. 그들 면면에서 나타나듯 꼭 인연의 길이가 친문 소속감을 규정하진 않는다. 어찌 보면 친문 같지만 어느 순간인가는 박원순 서울시장이나 이재명 경기도지사 쪽으로 유턴할 수 있는 약간은 느슨한 친문이라고 할 수 있겠다.

3) 신(新)친문그룹

문재인 정부에서 일했거나 21대 총선에 즈음해 각계에서 영입된 인사들이 대부분이다. 첫째, 집권 후 청와대·내각에 몸담은 경우다. 둘째, 4·15 총선을 앞두고 민주당에 영입된 사람들이다. 민주당의 지역구 당선자는 163명, 그중 초선은 68명이다.

우선 청와대 출신만 보자면 30명이 총선 본선에 나가서 19명이 당선됐다. 윤영찬 의원, 청주 이장섭 의원, 전북 이원택 의원, 수원 김승원 의원, 경기 시흥의 문정복 의원 등이 있다. 또한 전북 군산에서 김관영 의원을 꺾은 신영대 의원, 서울 강동구청장 출신

이해식 의원, 오기형 의원, 천준호 의원, 대전 장철민 의원도 여기에 속한다.

신친문(초선/28명)			
이름	選數	지역	문재인정부 역할/경력
강선우	1	서울	2017 대전캠프
고영인	1	경기	신안산대 초빙교수
김남국	1	경기	변호사
김승원	1	경기	청와대 행정관, 판사
김용민	1	경기	변호사
문정복	1	경기	청와대 선임행정관
박상혁	1	경기	청와대 행정관
소병철	1	전남	검사
송재호	1	제주	국가균형발전위원장
신영대	1	전북	참여정부 청와대 행정관
오기형	1	서울	당 일본경제침략특위 간사
오영환	1	경기	소방관
윤영덕	1	광주	청와대 행정관
윤영찬	1	경기	청와대 국민소통수석
이소영	1	경기	변호사
이수진	1	서울	판사
이용선	1	서울	청와대 시민사회수석
이용우	1	경기	기업인
이원택	1	전북	청와대 행정관
이장섭	1	충북	청와대 행정관
이탄희	1	경기	판사
이해식	1	서울	당 대변인
임오경	1	경기	핸드볼선수
장철민	1	대전	홍영표 의원 보좌관
최기상	1	서울	판사

최기상	1	서울	판사
천준호	1	서울	박원순 시장 비서실장
한준호	1	경기	청와대 행정관, MBC아나운서
홍정민	1	경기	변호사

영입인재 중엔 초선이지만 각계각층을 대표하는 중량급도 적지 않다. 검찰총장 물망에 올랐던 전남 소병철 의원, 서울 동작의 이수진 의원, 핸드볼 국가대표선수 출신 임오경 의원, 소방관 출신 오영환 의원 등이 그렇다. 고영인, 홍정민, 이소영, 이용우 의원 등도 신친문으로 볼 수 있다. 진보성향의 젊은 법조인 출신도 적지 않다. 경기 용인 이탄희 의원, 안산 김남국 의원, 남양주 김용민 의원 등이다.

이처럼 신친문 그룹은 가장 범위가 넓고 삶의 궤적이 다채롭다. 원내에서 초선 그룹(68명)이 한목소리를 낸다면 문 대통령 국정 후반기의 가장 든든한 원군이 될 것이고 차기 대권에도 영향을 줄 수 있는 세력이다. 하지만 원조친문에 비한다면 문 대통령과 운명을 함께한 '기억'이나 동지적 유대감, 또 '전대협'과 같은 이데 올로그적 동질성은 거리가 멀다 하겠다. 솔직히 거수기 역할에 머물고 있다는 생각도 든다.

4) 기타 원외 인사

21대 국회의 거물급 인사로는 문희상 전 국회의장, 정세균 국무총리, 이해찬 대표 등이 꼽힌다. 노무현 대통령의 비서실장을

지낸 문희상 의장은 두말할 필요 없는 친문그룹의 간판이다. 참여
정부 국무총리였던 이해찬 대표는 민주당 대표로서 제21대 총선
을 대승으로 이끌었다. 그의 당 장악력과 리더십은 앞으로도 높게
평가받을 것이다.

정세균 총리는 제20대 국회 상반기 국회의장에 이어 총리직을
맡았다. 정 총리는 2012년 대선 경선후보로 한때 문 대통령과 경
쟁했지만 이후 문 대통령을 한결같이 지지해 왔다. 그래서 이른바
정세균계 의원들도 '친문'에 속한다. 원외이지만 청와대에서 일하
는 강기정 정무수석, 비록 낙선했지만 최재성 의원의 활동공간도
주목된다.

유은혜 부총리 겸 교육부장관, 김현미 국토교통부장관은 여성
발탁인사의 성공사례로 꼽힌다. 문 대통령이 새정치민주연합 대표
이던 시절, 각각 당 대변인과 대표비서실장으로 호흡을 맞췄다.
두 사람을 21대 국회에서 볼 순 없지만 문재인 정부 후반기에 또
다른 중책을 맡을 가능성이 크다. 원외의 핵심친문이라는 데 이견
이 없다.

하지만 그래도 친문의 핵심이라면 현역 의원이든 아니든 그 중
심에는 임종석 전 청와대 비서실장이라는 '전대협' 뿌리가 가장
큰 디딤돌이라고 할 수 있겠다.

필자가 친문을 주목하는 이유

누가 친문이고, 누가 비문인가를 묻고 나누는 일은 간단치 않

다. 하지만 분명 '친문'이라는 계파는 존재한다. 어느 때는 드러나서 어느 때는 뒤에서 배후조정을 하고 있다. 이제 보스정치 시대는 끝났다. 때문에 '친문' 또한 모두가 상명하복으로 움직이진 않는다. 하지만 분명한 것은 친문세력이 외부세력을 차단하고 있는 것은 사실이다. 그럼 친문들이 하고 있는 비민주적 모습들을 살펴보겠다.

일단 친문세력은 장기표 같은 선배 민주화운동의 거목들을 배제하고 있다. 또한 김근태 전 장관 세력을 차단하고 있으며 가장 역사적 중심이 되어야 할 5.18 민주화운동가들의 국회 입성을 막고 있다는 사실이다. 5.18 사형수로 알려진 김종배 전 의원도 「더민주당」친문세력에게 확실하게 차단당하고 있는 건 분명하다. 필자 역시 여러 번 출마하고자 하였으나 여러 이유로 배척당하였다.

그럼에도 우리는 친문 그룹을 이해하는 게 필요하다. 현재를 재단하기보다 미래를 조망하기 위해서다. 이들은 국가 장래를 결정하는 정치적 선택을 좌우할 수 있다. 짧게 잡아도 우선 2년 후 대통령선거이고, 향후 4년, 길게는 차차기 대선에까지 결정적 변수로 작용할 것이기 때문이다. 특히 2년 후 대통령선거는 「더민주당」당내경선을 통하여 대통령 후보가 결정된다. 지구당위원장을 꿰차고 있는 친문세력들이 누구를 지지하느냐에 따라서 대통령 후보가 결정된다. 따라서 박원순 서울시장을 지지하는 사람들이라면 친문그룹에 대하여 정확하게 알아둘 필요가 있다. 다시 말해 친문세력의 성향을 정확하게 안다면 특정 이슈에 대한 선택과 그들이 왜 그렇게 움직였는지 좀 더 쉽게 이해할 수 있을 것이고,

21세기 신당파 싸움에 말려들 필요도 없고, 또 친문만의 리그에 끼어들 필요도 없다. 박원순 서울시장은 군부독재에 항거했다는 강점이 있고, 안철수와 단판으로 무소속으로 서울시장에 당선된 입지 전적의 장점을 가지고 있다. 다시 말해 무소속으로 대권에 도전할 수 있는 유일한 인물이다.

물론 친문그룹은 박근혜 정부의 최대 계파였던 '친박'(親朴)과 다른 양상을 보인다. 가장 큰 차이는 핵심친문부터 신친문까지 상호배타적이거나 위계적이기보다 동그라미 같은 구조로 움직인다는 점이다. 이들 그룹의 공통된 구심점은 역시 문재인 대통령이라고 보는 게 타당하다 하겠다. 그렇다고 친문이 단일집단이라는 건 아니다. 이 친문세력들은 권력말기에 지역구 사정이나 정치적 미래를 생각하는 독자행동파로 갈라질 수도 있다. 치열한 논쟁을 촉발하는 쟁점일수록 평소 눈에 보이지 않던 계파가 점점 드러나기 마련이다. 그것이 정치이다. 그 과정에서 이들은 유기적으로 공조하기도 하며 큰 파이를 만들기보다는 작은 파이를 위하여 상호분열할 수도 있다. 즉 그들이 대선을 앞두고 소(小)패권주의로 갈 수 있는 상황은 얼마든지 있다.

친문의 미래

분명한 것은 다시 언급하지만 존재하는 모든 것은 항상 분열하고, 다시 결합해 왔다는 점이다. 이것이 철학에서 말하는 변증법적 과정이고 투쟁의 과정이다. 친문그룹은 내년 차기 대선 경쟁과 함께 소그룹으로 분화될 가능성이 매우 크다. 이 국면을 이해하자 면 같은 핵심친문이라도 '컬러'가 미묘하게 다른 점을 봐야 한다.

이해찬 대표와 김태년, 윤호중 의원 등은 친노 색채가 여전히 강한 인물들이다. 반면 전해철, 홍영표 의원 등은 친문 색채가 확연하다. 이런 차이는 차기 대선주자들의 부침과 합종연횡에서 숨은 변수가 될 수 있다. 과거 정동영 대권후보가 출마했을 때 친노들은 정동영 후보와 거리를 취했다. 사실상 당시 노무현 전 대통령은 이해찬 후보를 지지하였고, 김대중 전 대통령은 손학규 후보를 지지했는데 대통령 후보로 정동영 후보가 튀어 올라온 것이다. 결국 정동영은 혼자서 선거를 치러야 하였다. 그리고 그 이후에도 정동영과 함께했던 세력들은 몰락의 길을 걸었다. 최초로 비문세력이 몰락의 길을 걷게 된 경우이다.

과거의 일을 거울 삼아 차기 대선 후보들을 살펴보겠다. 이낙연 전 총리는 21대 총선 과정에서 초·재선 도전자 40여 명의 후원회장을 맡았다. 박원순 서울시장, 이재명 경기지사와 가까운 의원들도 적지 않다.

586세대 리더 중에선 독자세력을 갖고, 외연 확장에 나선 인사도 눈에 띈다. 학생운동권 출신의 '586세대'라는 공통점을 갖고 있다. 원내에선 송영길과 이인영, 원외에선 임종석 전 비서실장이 대표적이다. 정서적·경험적 유대감을 중시한다면 '전대협' 출신들의 움직임도 중요한 관전 포인트다. 만일 조국 전 장관이 '정치적 존재'로 재기할 경우, 법조인 또는 청와대 출신 일부가 '친조국'을 표방할 수도 있다. 이는 친문이 분열하는 게기도 될 것이고 단합

하는 게기도 될 수 있다. 그래서 어떤 속단도 쉽지가 않다. 다시 말해 '친문의 분화'를 섣불리 전망하기는 이르다. 변수도 많다. 분명한 건 앞으로도 「더민주당」이라는 거대여당이 한곳으로 과연 뭉칠 수 있느냐 없느냐이다. 바로 여기에 변증법적인 해답이 e출된다. 존재하는 모든 것은 양면성이 존재한다는 G.W.F 헤겔(Hegel, 1770~1831) 말처럼 21대 총선을 향하여 뭉친 「더민주당」은 이제 차기 대통령선거를 앞두고 3파로 확실하게 분열할 거란 사실이다. 이 분열을 잘 수렴하는 자가 차기 대권을 손에 넣을 것이라고 확신한다. 바로 그런 인물은 이재명처럼 모나지 않으면서도 정세균처럼 두루뭉술한 타입보다는 그 중간쯤인 박원순이 으뜸일 거라고 필자는 판단한다. 물론 필자의 판단이 틀릴 수도 있다. 하지만 차기 대통령감으로 박원순만 한 인물도 없다고 본다.

5.18 당시 광주

이낙연은 호남의 대안인가?

박원순 스프링 학습효과

1980년 광주 학살 직후, 정권을 찬탈한 전두환이 미국을 방문해 로널드 레이건(Ronald Wilson Reagan, 1911~2004) 대통령을 만나 최악의 정상회담을 한 데 대해 「동아일보」 기자였던 이낙연은 "국내에 몰고 올 훈풍이 기대된다"는 기사를 쓰고, 이어서 "전두환 대통령은 위대한 영도자"라고 기사를 쓰는 등 도저히 이해할 수 없는 독재정권 부역자이다. 그리고 이러한 찬양 기사를 한두 번 쓴 것도 아니고 수차례 쓴 사람이다. 과연 우리 호남인이 이런 사람을 대통령으로 선출해야 되는지 깊게 생각해 보아야 한다.

20대 총선 당시에 호남인들은 대안세력을 찾고 있는 중이었다. 그때 안철수가 만들고 천정배와 정동영 등이 함께 출범한 「국민의당」이 전라도민들의 관심을 받기 시작하였다. 하지만 21대 총선에서 그들은 「민생당」과 「국민의당」으로 분열되어 자멸하고 말았다. 호남인들은 일시적으로 안철수를 진보적 색깔이 있는 인물로 착각하였다. 하지만 곧 그의 민낯을 보게 되었다. 안철수에게 실망한 호남에서는 또 다른 대안 인물을 찾고 있는 중이다. 하지만 이낙연은 호남의 대안이 아니다. 또 되어서는 안 되는 인물이다.

아무리 대안 인물이 없다고 해도 전두환을 찬양한 인물을 대통령으로 만들 수는 없는 일 아닌가? 호남인들은 이제 제3의 인물을 찾아야 한다고 생각한다. 2020년 6월 2일 「오마이뉴스」가 여론조사기관 「리얼미터」에 의뢰해 전국 만 18세 이상 성인남녀 500명을 대상으로 현충원의 '친일행위자' 이장 공감도를 조사한 결과, '이장해야 한다'는 응답이 54%로 절반을 넘었다. 반면 '친일행위자라도 한국전쟁 등 다른 공을 인정해 현충원에 계속 안장해야 한다'는 응답은 32%에 불과했다. 이 여론조사에서 우리가 알 수 있는 건 **친일 부역자**나 **독재 부역자**나 같은 맥락으로 설정할 수 있다는 점이다.

여기서 확실한 점은, 첫째로 이낙연의 정치적 이력을 볼 때 **독재 정권의 부역자**란 점도 문제지만 전혀 진보적이지 않다는 점이다. 두 번째는 친문 세력이나 친노 세력의 꼭두각시는 될지언정 홀로 설 수 없기 때문이다.

필자가 쓰고 있는 『박원순 죽이기』란 제목에서 '스프링'(spring)이라는 말을 넣은 건 두 가지 의미를 가지고 있다. 그 하나는 누르면 튀어 오른다는 의미와, 또 하나는 봄이란 의미를 내포하고 있다. 박원순은 누르면 누를수록 튀어 오르기도 하지만 봄처럼 따스함과 희망을 준다는 강력한 의미가 담겨 있다.

그동안 인터넷에 『박원순 죽이기』란 글을 쓰는 이유에 대하여 궁금해 하는 분들이 많다. 그런데 인간은 "꿈을 그릴 필요가 있다"라고 러시아의 레닌(V.I. Lenin, 1870~1924)은 말했다. 체 게바라(Che Guevara, 1928~1967) 역시 "불가능한 꿈을 가져라!"라고 말했다.

미래에 대한 상상이나 꿈은 이러한 밝은 미래를 지향하는 투쟁과 같다. 박원순이 대통령선거에 도전을 하든, 안하든 이건 순전히 필자 개인적인 생각이며 인간사랑이다. 그리고 우리 호남이 제3의 인물을 찾아야 하기 때문이고, 두 번째는 내 고향 익산 사랑이 포함되어 있다.

따라서 필자의 글에 독자들은 어떤 부분은 동의하고 어떤 부분은 동의할 수 없을 것이다. 그러나 독자들은 필자의 글에 동의하지 않는 부분에 더 주목해주면 고맙겠다. 정치란 재야운동이나 마찬가지이다. 자신이 스스로 일을 하겠다는 사람이 정치를 해야 한다. 억지로 끌어들인다고 해서 정치를 하는 것은 아니다.

필자는 1980년 「5.18민주항쟁」에 연류되어 공직에서 해직당하고 옥고를 치렀다. 그런 와중에 1987년 「구로구청부정선거」 항의사건 등에 관련되면서 교도소를 여러 차례 들락날락했다. 그런 와중에 「도서출판 **중원문화**」를 인수하여 40여 년간 사업적으로 기초를 닦았고, 가족들도 잘 돌보았으며, 가족이 전체적으로 안정감 있게 살 수 있도록 했다고 스스로 자부하고 있다.

왜 박원순인가?

지금부터 필자는 "왜 박원순을 지지하는가?" 그리고 "왜 박원순이 대통령이 될 수 있는가"에 대해서 몇 권의 책자와 논문을 참조하면서 그 이유를 밝히겠다.

칼 맑스의 『정치경제학 비판을 위하여』에서 나오는 "인간의 의식이 그들의 존재를 규정하는 것이 아니라, 반대로 그들의 사회적 존재가 그들의 의식을 규정하는 것이다."(한글판 9쪽)라는 말을 토대로 하면서, 최근의 김세균 서울대 교수의 논문 「권력의 DNA : 정치행태의 생리적 접근」과 저서 『사상이 필요하다』의 내용 중 「한국 진보정치의 회생을 위한 제언」을 참고하여 글을 작성해 보았다. 김세균 교수의 글이 앞으로 박원순이 왜 대통령이 되어야 하는지를 잘 안내하고 있다는 판단이 섰기 때문이다.

김세균 교수의 논문 중 알포드와 히빙이란 사람이 말했다는 것에 포커스가 갔다. 2005년에 발표한 이 논문은 정치적 환경적 요인은 11%만을 인정하고 나머진 유전적 요인으로 설명한다.[2] 이 내용은 다윈(C.R. Darwin, 1809~1882)의 진화론, 그리고 일부는 유물론적 접근 방법으로 보인다. 즉 상호관계이자 통일관계이다.

다시 말해 우리나라에서 대구를 중심으로 한 지역은 유전적으로 상당히 오랫동안 보수성을 띨 것이라는 주장이다. 이 주장은 향후 수십 년 동안 보수정권은 경상도를 중심으로 형성될 것으로 풀이된다. 반대로 호남은 진보정치의 메카로 환경이 조성되어 있고, 유전적으로 진보정치가 지속될 것이라는 주장이다. 과거 김대중 정권시절 동진정책(東進政策)이라는 프로젝트를 가지고 동쪽, 즉 경상도를 아우르겠다는 생각이 있었다. 그리고 김중권과 이인제를 들러리로 하여 노무현을 대통령으로 만들었는데 이는 DJ의 커다란 실책이란 것이 이 논문상으로 증명된다. 다시 말해 DJ는

---

2) 「권력의 DNA : 정치행태의 생리적 접근」, 15쪽.

호남의 색깔에 맞는 인물을 대권후보로 선택한 것은 옳은 일이었지만 동진정책은 잘못되었다는 이야기이다.

지금 문재인은 부산 출신이다. 박원순은 경남 창녕이다. 창녕은 마산과 거리가 가까운 제법 진보적인 지역이었다. 호남은 아니지만 마산 등 경남지역은 4.19 때 전북 남원(南原) 출신 김주열(金朱烈, 1943~1960) 열사가 시위 중에 사망한 곳이다. 이는 4.19민주혁명의 도화선이 되었다. 또 1979년 10월 「부마민주항쟁(釜馬民主抗爭)」의 중심 지역이 마산과 부산이다. 현재도 경상북도 보다는 경남이 훨씬 진보성을 띠고 있다. 그리고 박원순 자신도 서울대학교 재학 중 유신을 반대하다 퇴학당하고 단국대학교를 졸업한 민주 인사이다.

또한 상기 김세균 교수의 논문에는 "친구가 많은 사람이 진보적 성향을 많이 가진다"라고 말한다.[3] 이는 보수적인 자는 친구가 필요 없다는 것을 의미하기도 하며 계급 간 차별성이 유지된다는 것이기도 하다. 박원순은 재야운동을 할 정도로 친구가 많다. 뿐만 아니라 지배자와 피지배자 사이의 싸움을 통해서 살아남는 재주가 있다. 이런 재주는 세로토닌 함량과 상관관계에 있음도 발견했다.[4]

그리고 20대 국회의원선거에서 보수 쪽인 「새누리당」의 패배 후유증은 오래 가거나 이를 극복하려면 정치적 지배욕구가 높은 공격 유형의 조직원들을 영입하여야 함을 의미했다. 그러나 「미래통합당」은 그런 사람을 구하지 못하고 겨우 김종인을 내세웠다.

---

3) 같은 책, 19쪽~20쪽.
4) 같은 책 20쪽.

오히려 홍준표를 당대표로 했다면 문제는 달라질 수도 있었다. 하지만 김종인을 대표로 한 결과는 겨우 당명만 바꾸었을 뿐 21대 총선에서 대패하였다. 이는 5.18 민주항쟁을 부정하는 세력들과 함께하면서 외연확장에 실패하였기 때문이다.

과거나 현재나 모든 인간 집단들은 예측하기 힘든 외부환경과 경쟁에 적응하고 생존해야 하기 때문에 어떤 사태가 일어날지 계속 지켜보아야 한다.

이런 조건에서 권위에 기반한 리더십과 위계질서는 필요불가결하다. 그러면서도 사이다같이 시원한 사람이 필요할 때이다. 집단적 윤리는 기본적으로 다른 집단과의 갈등에서 살아남을 확률을 높이기 위한 것으로 리더는 이런 점을 분명하게 구분지어 주어야 한다.5) 필요한 사람은 보호하여 질서를 갈라주고 필요하지 않은 사람은 과감하게 거리를 두는 자세가 바로 그것이다. DJ는 이걸 분명하게 하였으며, 박정희 역시 그랬다. 박원순은 모든 권력과 적당한 거리를 두면서 진보적 자세를 취하고 있다.

하지만 인간은 정치적 성향이 있다면 누구나 리더에 복종하고 리더의 말에 순응한다.6) 그리고 정치적 성향이 매우 강한 사람일수록 일을 잘하게 된다. 그러나 반대로 이런 충성스러운 사람일수록 반기를 들 확률도 높다. 역사에서 배반은 곧 창조였다. 배신과 창조는 변증법적 관계로 발전적으로 지양된다. 고려(高麗)를 배반하고 조선을 건국한 이성계(李成桂, 재위 1392~1398), 세종(世宗, 재위 1418~1450)과 문종(文宗, 재위 1450~1452)을 배반한 신숙주

---

5) 같은 책 25쪽.
6) 같은 책 22쪽.

(申叔舟, 1417~1475) 등, 역사는 배신이 곧 발전이 되고 피로 얼룩지게 하였다. 박원순은 누구를 배반할 성격이 아니다. 하지만 안철수를 담판으로 물리치고 링 밖에서 서울시장의 승자로 올라섰다는 것은 상대를 설득할 수 있는 강력한 능력의 소유자임을 보여준 대목이다.

그러나 내부규율이 강력하면서도 권력에 대한 견제가 유지될 수 있는 집단은 효율적이고 신속한 정책 결정이 가능하면서도 권력자의 이익에 집단 전체의 생존이 희생당하지 않을 수 있다. 이는 과거 유신정권이나 북한 정권, 또는 현재 중국의 시진핑(習近平, 1953~현재)에게서 발견할 수 있다. 리더는 같은 종류의 사람과 다른 종류의 사람, 또는 비슷한 종류의 사람을 구분하여 같은 사람이나 비슷한 사람이 2명이 되어 내부 분란이 일어나는 일을 사전에 봉쇄해야 한다.

『삼국지연의』에 나오는 이야기를 볼 때, 물론 이 도서는 그냥 꾸며낸 소설이지 정사는 아니다. 하지만 꾸며진 이야기도 살펴볼 필요가 있다. 장비(張飛, 미상~221), 관우(關羽, 미상~219), 제갈공명(諸葛孔明, 181~234) 등은 서로 달랐기 때문에 통제가 가능했다. 한(漢)나라의 측천무후(則天武后, 재위 690~705)는 이를 분명하게 하여 자기 기반을 유지하며 외부로는 고구려와 신라를 공격하여 다시 내부를 다졌다. 박원순의 내부조직은 언제나 오픈한다. 그리고 느슨하면서 강력하게 대처한다.

필자의 경우는 책사(策士)형에 가깝지 권력형이 아니다. 따라서 특별한 경우를 제외하고는 남에게 부딪힐 일이 없다. 다만 내 앞에서 나를 가르치려 드는 1970년~1980년대식 '전대협'과 같은 학생운동권7) 방법에는 분명하게 반발한다. 따라서 필자는 상대적 이익과 절대적 이익의 논쟁에서 일종의 타협점을 제공할 수 있는 바이오폴리틱스(Biopolitics)에 해당한다.8)

계속해서 김세균 교수는 『사상이 필요하다 : 다른 세상을 꿈꾸는 정치적 기본기』에서 "세계자본주의는 위기에 접어들고 있고, 신자유주의 질서라고 명명할 수도 있다."9) "낡은 것과의 결별을 촉구해야 될 시점을 주문한다."10) 그러나 "신자유주의 질서 속에서 노동자운동이 불길처럼 번진다."11)라는 주장한다. 이에 대해서 필자는 동의할 수 없다. 그렇다고 해서 정치적 노동운동을 부정하는 것은 아니다. 필자는 경제주의와 조합주의를 우려하기 때문이다. 그러나 앞에서 인용하고 언급한 대로 한국 진보정치의 메카를 호남에서 찾아야 한다는 점에 대해서 확실하게 부기하고자 한다.

또한 김세균 교수는 이 책에서 이번 기회가 진보정치의 마지막이라고 주장하나 이 점에 대해서도 역시 동의할 수 없다. 왜냐하면 사회적 존재가 사회적 의식을 규정하기 때문이다. 다시 말하여 소외받는 사람이 존재하는 이상 진보운동은 계속된다. 필자의 판단은 그렇다. 독일에서도 「빌트」(*Auto Bild*) 잡지는 3류 잡지로 노동자에게 아주 해악한 잡지임에도 노동자가 가장 많이 보는 잡지

---

7) 현재의 친문 또는 진문으로 분류되는 쪽은 지금까지 그들이 보여준 행동을 볼 때 주사파이지 운동권이 아니라고 필자는 보고 있다.
8) 같은 책 28쪽.
9) 『사상이 필요하다 : 다른 세상을 꿈꾸는 정치적 기본기』, 212쪽.
10) 같은 책 215쪽.
11) 같은 책 221쪽.

로 알려져 있다.

진보정치 운동은 맑스의 말처럼 한 단계 높은 사회수준이다. 그러다 보니 남을 가르치려 드는 실수를 범한다. 그런데 바로 박원순이 한 단계 높은 정치를 하고 있다. 여기서 문제는 슬며시 파고드는 친노(親盧) 또는 친문을 어떻게 처리하느냐이다.

즉 자본주의라는 물질세계를 거부할 수 있는 정신적 무기가 필요한 레벨 정치이다. 이는 마르쿠제(H. Marcuse, 1898~1979)의 저서 『이성과 혁명』(*Reason and Revolution*, 1941)에서 분명하게 살펴볼 수 있다. 무식하면 못하는 정치가 바로 진보정치이고 하이레벨정치이다.

김세균 교수가 지적한 대로 '나 꼼수' 가지고 혁명을 할 수도 없고,12) 또 요즘에는 칼 맑스가 그렇게 강조한 조직운동도 무너지고 있다. 노동자가 살 만하니 「빌트잡지」도 보고 자가용을 타면서 중산층으로 착각한다. 그러니 노동자를 중심으로 하는 정치는 그만큼 어렵다. 따라서 박원순은 반드시 진보정치의 중심지인 호남을 토대로 대권에 도전해야 한다. 「민생당」이나 지금의 「더민주당」은 호남의 대안세력이 아니다.

거기다 아무리 이낙연이 대중적 지지도가 높다 하여도 그는 진보적 성향이 전혀 없는 인물이다. 쉽게 말해 독재정권 부역자일 뿐 호남 출신이라고 해서 호남인들이 무조건 밀어줄 거란 생각을 한다면 친문은 커다란 실책을 범하고 있는 중이다.

그러나 한국의 노동자들 역시 높은 학력수준에도 불구하고 독

---

12) 같은 책 221쪽.

일처럼 이미 조합주의나 경제주의, 혹은 극단적 노동자주의에 빠진 지 오래다. 따라서 진보정치는 여기저기 널려 있는 반골적 지식인과 이런 정치성향의 양식 있는 시민들, 조합주의자들 중 무언의 일탈세력, 그리고 호남이라는 지역이 토대가 되어야 가능하다. 이는 유럽 역시 마찬가지이다. 유럽은 지역에 따라서 진보정치의 메카가 형성되고 있다. 여기서 이런 상황을 보지 못하시고 아직도 노동자가 변혁의 중심세력으로 생각한다면 선거혁명은 불가능하다. 따라서 박원순은 3차 혁명을 거치면서 이미 보수화된 노동세력을 부드럽게 끌어안으며 호남을 안방으로 만들어야 한다. 그리고 이러한 일에 가장 어울리는 적임자가 박원순이다.

의리는 봉건시대의 유물이지만 아직도 지역패권이라는 등식 속에서 정치적 생명이 지속되기도 한다. 전라도는 의리를 강조한다. 바로 박원순이 DJ처럼 '동진정책'으로 경상도를 아울러 내려 한다면 DJ가 실패한 것처럼 그것은 친노를 돕는 일이 될 것이다.

호남은 진보적 색체를 가진 정당을 원하고 있었고, 진보적 색체를 가진 후보를 원하고 있었다. 20대 총선 당시「더민주당」이 정말 싫어서「국민의당」후보를 밀어준 것일 뿐, 그 이상 그 이하도 아니다. 바로 이 빈자리에 박원순이 필요한 시점이라고 필자는 보고 있다. 곧 이러한 이유 때문에 이낙연이 설자리는 없다. 이낙연은 한마디로「더민주당」간판을 업은 보수주의자이기 때문이다. 이낙연에 대한 딜레마는「더민주당」의 친문들에게 머리 아픈 존재로, 또는 홍준표처럼 떠밀리는 존재로, 호남인들의 동정을 받으며 부침을 계속할 것으로 보인다.

'코로나19' 이후 대통령은?

국민이 납득할 수 있는 정치

박근혜 정권 시절 메르스 사태 당시 모든 언론과 정부가 쉬쉬하고 입 닫고 있을 때 2016월 6월 서울 강남 「삼성병원」 응급실에 메르스 환자가 대량으로 발생했으며 의사까지 확진되었다는 걸 박원순이 밝히면서 커다란 이슈로 떠올랐다. 이때 누구보다 배짱 있고 빠르게 대처했다는 점에서 박원순의 강점이 돋보였다고 생각한다. 이때의 잘못을 거울삼아 '코로나19' 방역에 성공하고 있다고 필자는 보고 있다. 박원순은 온순해 보이면서도 강한 면을 보이는 특징이 있다. 또 하나 전 국민을 괴롭히던 극우세력인 태극기부대의 텐트를 강제 철거함으로써 그의 강한 면모를 또다시 보여주었다. 5.18 폄하 발언을 하는 지만원 한 명도 어찌 못하는 문재인과는 그 성격이 확실하게 다르다고 하지 않을 수 없다. 그럼 박원순은 누구인가?

박원순은 경상남도 창녕군에서 박길보와 노을석의 2남 5녀 중 차남으로 태어났다. 경기고등학교에 입학하여 1974년 졸업하였다. 이후 재수를 해서 1975년 서울대학교 사회계열에 입학하였으나 입학한 지 수개월 만에 유신체제 반대 학생 운동과 관련하여 긴

급조치 위반으로 구속되면서 대학에서 제적되었다. 이후 단국대학교 사학과에 재입학하여 졸업했다. 1980년 제22회 사법시험에 현 문재인 대통령과 함께 합격하였다. 그리고 한창 전두환 타도를 외치던 시절인 1982년 대구지방검찰청 검사로 첫 발령을 받았으나, 6개월 만에 사표를 던지고 이듬해 인권변호사로 개업했다. 문재인 대통령과는 사법고시 동기이기도 하고, 인권변호사를 걸었다는 점도 맥락을 함께하고 있다.

IMF이후 "외환위기 학습효과"란 말이 있다.

이는 김영삼 정부 시절의 외환위기(IMF)를 1999년 김대중 정부가 성공적으로 넘긴 사례를 통해, 위기 당시 투자하는 것이 나중에 큰 수익을 얻게 될 것이라고 예상하는 것을 의미한다.

원래 학습효과란 사전적(辭典的)적 의미에서는 "특정한 작업을 여러 번 반복함으로써 더욱 숙달되는 현상"을 뜻한다. 그러나 여기에선 누르면 다시 오르는 스프링 학습효과라고 해두겠다. 박원순 학습효과는 그 자신이 스스로 보여준 바 있다. 바로 서울시장 보궐선거에서 당선될 가능성이 전혀 없었던 박원순 서울시장 후보가 그것도 링 밖에서 안철수와 담판을 하여 승기를 잡았다. 그리고 당시의 「민주당」 박영선 후보를 시민경선으로 물리치고 당당하게 야권 단일후보가 되어 무소속으로 서울시장으로 당선되었기 때문이다. 바로 위기에서 성공한 대표적 사례가 박원순 서울시장이다. 바로 위기를 기회로 바꾼 변증법적 승리를 선보인 대표적인 인물이다. 그에게는 이런 학습효과가 있다.

그동안 우리 국민은 박근혜를 탄핵하고, 문재인 대통령을 탄생

시켰다. 그리하여 우리는 이제 다시 차기, 혹은 그다음 차기까지 내다보는 대통령을 생각할 때가 되었다. 그동안 여러 번 대통령선거를 치른 우리 국민들이기에 상기에서 말한 학습효과를 토대로 박원순을 포커스로 글을 써보기로 필자는 진즉 마음먹고 있었다. 『박원순 죽이기』란 제호는 일종의 '노이즈 마케팅'이라고 하면 될 것이다. 이런 제호는 오히려 박원순이 만만하기 때문인지도 모른다. 만만하다는 의미는 항상 시민과 함께하는 모습에서 찾았다. 특별한 오해가 없기를 바란다.

필자는 제일 먼저 이경상 카이스트 교수의 『코로나19 이후의 미래』라는 도서와 강대석 교수님의 『정보화시대의 철학』을 박원순 서울시장에게 선물하고 싶다. 아마 이미 이런 유의 책들은 탐독했을 거라고 짐작한다. 왜냐하면 박원순은 독서광이기도 하기 때문이다. 지금 '코로나19' 사태 이후 우리 한국경제는 너무 힘들다. 아니 세계 경제 모두가 힘들다. 3D 업종까지도 일자리가 부족하다. 이런 상황에서 미국은 특허제도와 저작권법을 이용하여 전 세계를 농락하고 있다. 중국과 끊임없는 무역전쟁을 벌이고 있는 중이다. 지금 세계는 이 힘든 경제를 과거처럼 전쟁을 통하여 해결하거나 제4차 산업혁명을 통해서 해결하거나 둘 중의 하나를 선택해야 한다.

게놈(Genom)이라 불리는 유전자가 발견된 이래 미국은 유전자를 통한 신약 개발과 생명연장에 따른 특허권과 저작권을 악용하여 전 세계의 생명을 담보로 하는 또 다른 지배를 구상하고 있다. 두 번째로는 인공두뇌, 소위 알파고(AlphaGo)라고도 불리는 인공두뇌 발전에 모든 심혈을 기울이고 있다. 다시 말해 하나는 인간 생명을 가지고 장난을 치는 거고, 또 하나는 인공두뇌로 세계를 재 지배하기 시작했다는 이야기이다.

때문에 우리는 미국의 그림자를 벗어나고 자국민의 자력을 위해서는, 그리고 미국과 어깨를 나란히 하려면 새로운 패턴의 계획경제가 구상되어야 한다. 첫째 단기 경제계획은 중동이나 아프리카를 넘볼 게 아니라, 문재인 정권의 신(新)남방정책을 계속 추진하고 북한과의 경제교류를 통하여 해결해 나가야 한다. 또한 장기 경제계획은 **유전자공학**과 **인공지능개발**, **우주산업**에 발 빠르게 대처해야 한다고 생각한다.

상대가 칼로 덤비면 칼로 막고, 총으로 덤비면 총으로 막아야 한다. 유전자공학을 발전시키려면 생명공학에 막대한 투자를 해야 한다는 건 자명한 현실이다. 또한 인공지능에는 지식이 필요하기 때문에 학문발전과 문화발전에 총력을 기울여야 한다. 굴뚝 없는 산업인 유전자공학과 인공지능을 발전시키려면 문화정책, 곧 지식산업의 과감한 개혁이 필요하다. 한때 저자 한강의 저서 『채식주의자』가 세계의 이목을 집중시킨 바 있었다. 또한 BTS는 이미 세계화되었고, 봉준호 감독의 「기생충」은 대한민국의 위상을 확고하게 만들었다. 그리고 이번 '**COVID-19**'의 대처 능력은 대한민국이 일등 선진국에 진입했음을 알리는 신호탄이었다. 바로 G7에 대한민국을 포함시킨다는 소식이 이를 증명한다. 바로 이러한 시점에 누구를 대통령으로 선택하느냐는 매우 중차대한 것이 사실이다.

제4차 산업혁명은 바로 지식산업이 포함된 '알파고 산업'이다. 출판물량 양산 및 도서관 신설, 도서의무구입제도, 그리고 저술가들이 자유롭게 활동할 수 있게끔 특허권과 저작권을 강화하는 문화 콘텐츠가 해답이다. 지금처럼 특허권과 저작권 침해가 계속되어도 처벌이 없다면 한국의 지식산업은 일본과 미국을 따라갈 수 없게 되어 있다. 그렇게 되면 더 이상 미래가 없을 것이고, 동시에 인공두뇌가 발전해도 입력할 빅 데이터가 없는 황폐한 대한민국이 될 것이 훤해 보인다.

지금처럼 특허권과 저작권이 침해되어도 그냥 놓아둔다면 누가 유전자를 이용한 신약을 개발할 것이며, 누가 저술 활동을 하겠는가? 생명공학뿐만 아니라 IT산업까지 저작권과 특허권은 사정없이 침해받고 있다. 드라마 하나를 만들어도 전 세계 모든 나라에서 복제품이 판치게 한다면 누가 영화를 만들고, 드라마를 만들며, 저술활동을 하며, 책을 출판하여 공급하려 하겠는가?13)

바로 이러한 시기에 국민이 납득할 수 있는 사람이 차기 대권을 잡아야 대한민국이 발전할 수 있는 것이다.

박원순 죽이기는 불가능하다(1)

5.18민중항쟁 당시의 살인마 전두환의 협조자이자 우리 국민을 탄압한 「국가보위비상대책위원회」 출신인 간사한 여우인 친일파 김종인을 20대 총선 당시 「더민주당」 대표로 불러들인 문재인 대

---

13) 사실 개인적으로는 특허권과 저작권을 없애야 한다는 주장이다.

통령은 아주 커다란 잘못을 했다고 생각한다. 5.18 관련자인 필자의 경우는 문재인의 당시 행동은 아마 잊을 수 없을 것 같다.

아무리 바빠도 , 아무리 전 세계가 우경화되어 가고 있다고 해도 김종인은 「더민주당」 대표가 되어서는 안 되는 인물이었다. 그러나 그를 「더민주당」 대표로 불려들였다는 사실 자체만으로도 문재인은 대통령으로서, 아니 특히 김대중 정신과 노무현 정신이 있는 민주주의를 대표하는 호남의 상징이었던 「더민주당」 대표로 앉게 했다는 사실은 5.18민주정신을 묵살하고 대한민국의 민주주의를 무시한 처사였다.

이러한 문재인 대통령에 대한 필자의 불신은 호남인의 불신이기도 하다. 광주광역시장에 이용섭 전두환 당시 청와대 5.11(5.18 기록을 삭제한 팀) 팀장을 공천한다든지, 기자 시절 전두환을 찬양한 이낙연을 국무총리로 앉혔다든지, 대관절 어떤 게 노무현 정신이고, DJ정 신인지 알 수가 없다. 따라서 친문과 비문으로 갈라진 현재 「더민주당」의 상황을 볼 때 차기 대통령 후보 경선을 기점으로 사분오열되어 친문과 비문 세력이 나눠지면서 **'박원순 죽이기'**는 실패하리라고 믿는다. 또한 요즘 여러 대권 후보들이 거론되고 있으나 차기 대통령은 박원순밖에 없다고 필자는 판단한다.

유시민이 「더민주당」에 입당하여 대권을 노릴 계획이라는 난데없는 소리가 들리기도 하지만 정치가 이처럼 난장판이 되어서는 안 된다. 유시민의 '대권 도전설'은 21대 총선 시작 전부터 나온 소리다. 하지만 유시민이 박원순보다 쇼맨십은 뛰어날지 모르나 대통령으로서 자격 여부를 떠나 박원순만큼 조국을 위해 헌신할

후보감은 아니라고 본다. 박원순만이 '알파고 시대'를 대처할 인물이고, 또 조국, 아니 남북한을 모두 구해낼 인물이다.

박원순 죽이기는 불가능하다(2)

다른 대권 후보들은 '알파고 시대'를 열어갈 능력이 부족하다고 보아도 무방하다. 역사가 진보하듯이 학문도 진보한다. 특히 인간의 지혜를 높여주는 철학(哲學)은 학문 중의 제왕(帝王)으로 초등학교부터 필수과목으로 공부하도록 해야 하는 학문이다. 현재와 같은 교육 시스템으로는 '알파고 시대'를 리드할 수 없다.

지금 이 순간 차기 대통령은 누가 되어야 할 것인지, 이 글을 읽는 분들은 가슴에 손을 얹고 머리를 숙이고, 왜 우리나라 학문이 더 이상 진전될 수 없는지를 생각하고 차기 대통령을 선택해야 할 것이다. 알고리즘, 곧 인공지능은 지식을 주입시켜 주지 않으면 그냥 물질덩어리일 뿐이듯이 대학교육과 중등교육이 개혁되지 않으면 대한민국의 미래는 없다.

호남인들은 이제 부정과 부패를 일소할 수 있고, 진보성을 지니고 있는 리더를 필요로 한다. 윤리·도덕·정의가 먼저인 상식이 통하는 세상을 만들 좋은 대통령이 필요하다. 독립운동가와 6.25 유공자, 민주화운동가가 대접받고 남북협력을 가로막는 무리와 당당하게 싸워 북한을 끌어안는 자세, 그리고 그런 윤리와 도덕을 토대로 특허권과 저작권이 제 몫을 찾을 때, 또 유전자공학과 지식산업에 투자할 때 선진 대한민국이 가능한 것이고, 미래의 조국이 존재하는 것이다.

따라서 필자는 박원순만이 가장 투명하고, 가장 헌신적이며, 가장 진보적 사고로 위기의 대한민국을 **부동산투기 세상**이라는 수렁에서 구해낼 구원투수라고 생각한다. 위기를 기회로 만들 줄 아는 박원순은 반드시 현재의 위기를 희망으로 탄생하게 할 대통령감이다. 물론 친문 세력이 차기 대통령 후보로 구상하는 후보가 있다면 박원순 죽이기를 먼저 해야 할 것이다. 하지만 호남이 원하는 진보적인 대통령 후보가 박원순이기에 「더민주당」은 호남의 움직임에 따라서 또다시 분열될 것이다. 친문, 비문, 골수 친문 등으로 분화되면서 박원순은 오뚝이처럼 일어설 것이다.

5.18 당시 광주

5.18은 정치적 이용물인가?

광주상무대

더러 이런 이야기를 듣는다. 이제 5.18이나 구로구청 사건, 낙천낙선운동 당시 교도소 생활을 했던 일, 또는 고문 받았던 일을 잊고 살라고 이야기한다. 나도 털털 털어버리고 살고 싶다. 그런데 어젯밤에도 꿈을 꾸었다. 잊을 수가 없는데 잊으라고 한다. 맨날 울고 사는 나를 시험에 들게 한다.

5.18 하면 몸서리가 쳐진다. 나를 밀고했던 동료 김○○, 나를 고문했던 중앙정보부의 윤○○와 계장이라고 불리던 김○○, 그리고 실장이라고 했던 성명 미상의 그놈, 나를 발가벗기고 온몸을 멍들게 고문했던 그런 자들을 어떻게 용서하란 말인가? 합동수사본부의 백○○ 수사관, 그리고 전주 헌병대의 헌병 쫄따구들이 생각난다.

또한 광주 군(軍)형무소에서는 습기가 많고 햇빛을 보지 못하여 온몸에 곰팡이가 났다. 때문에 3~4일 간격으로 연병장에 불러내 햇빛을 보게 옷을 벗게 해놓고, 말 안 듣는다고 착검을 하고 개머리판과 대검으로 찔러대던 헌병 놈들, 그리고 기소과정에서 내용을 부인하면 다시 보안대 지하실로 끌려갔던 일과 보안대 수사관

놈들이 생각난다.

　몇 달간 철창 안에서 양반자세로 있으며 개밥처럼 멀건 죽만 먹었으니 몸은 뼈만 남아 갔다. 그런 수형자들을 마구 두들겨 팼다. 그리고 매일 밤 몇 명씩 보안사 지하실에 끌려가 2~3일 후에 돌아오면 온몸이 피투성이가 되어 있었다. 이게 당시 겨우 살아 있는 자들의 몸부림이었다. 지문은 강제로 찍어졌다.

5.18 당시 광주

　여자들은 100%가 지하실에 끌려가 강간당했다는 소리가 들려왔다. 그러나 이건 팩트였다. 그렇게 5.18 관련자들은 살아남았다. 여자나 남자나 한 공간에서 조사를 받았다. 강간당한 여자들은 더 기가 죽어 있었고 자살시도도 많았다. 그리고 죽은 자들은 어디에 버려져 있는지 알 수가 없었다.

　최근 어떤 사람이 이낙연 모임에 나를 초청하였다. 물론 단칼에 거절하였다. 하지만 세상은 우선의 이익 앞에 냉정하다. 나도 「더민주당」에 입당하여 익산시장도 되고 싶고, 국회의원도 되고 싶다. 하지만 그곳에는 독재정권과 함께했던 세력들이 있다.

유신독재 시절이나 1980년 5.18 직후 행정고시에 합격하여 꽃길을 걸어온 금수저들이 생각보다 많다. 특히 「더민주당」에는 이런 사람들이 매우 많다.

그런데 문재인도 이런 자들을 좋아하는 것 같다. 5.18 국립묘지에서 「님을 위한 행진곡」을 부른다고 해서 민주화운동을 지지한다고 볼 수는 없다. 오히려 현 정권에는 이낙연보다도 더 심한 군부독재 부역자들이 생각 외로 많다. 나는 그래서 「더민주당」을 민주화된 정당이라고 보지 않는다. 셀 수없는 친일파 후손과 독재정권 협력자들이 문재인 정권과 함께하고 있다.

필자처럼 독재정권과 친일 부역자들에게 피해를 받은 사람들이 전국에 널려 있다. 위안부 할머니, 일제징용피해자, 좌익이라는 이유로 독립유공자가 못된 사람들, 문재인 정부가 5.18 민주화운동의 연장선상에 있는 정부라면 우선 힘들게 살고 있는 독립유공자들과 민주유공자들을 챙겼으면 한다. 5.18은 민주당의 정치적 이용물이 아니다.

노무현이 죽은 건 대단한 역사이고, 5.18 광주항쟁은 역사가 아닌가? 나는 진즉부터 이 질문을 노짱들에게 하고 싶었다. 5.18 단체가 분열된 것도 소위 노무현 때부터 어떤 조처가 없었기 때문에 분열된 것이다. 5.18 문제가 해결되면 모든 것이 해결된다. 이제 광주 5.18 묘역에서 노래만 부를 테면 오지 말았으면 한다.

이재명의 황당한 보수론을 비판한다

황당한 보수론

2016년 12월 20일자 「중앙일보」에 이재명의 인터뷰가 한 면을 할애하는 기사로 실렸다. 제호는 "내가 진짜 보수……「새누리당」을 밀어내고 그 자리 갖겠다." 이게 무슨 황당한 소리인가? 필자는 이재명을 그동안 비교적 좋은 눈길로 지켜보고 있었다. 그러나 상기 기사 인터뷰 내용을 읽는 순간 이재명에 대한 좋은 눈길은 이제 거두어 들여야 한다고 판단했다.

보수(保守)란 사전적(辭典的) 의미로는 "새로운 것이나 변화를 반대하고 전통적인 것을 옹호하며 유지하려 하는 것을 말한다." 그렇다면 이재명은 무엇을 보전하고 옹호하며 지키기 위하여 「새누리당」을 밀어내고 그 자리를 갖겠다는 건가? 아니면 「새누리당」 공천을 받고 싶었으나 못 받아서 「더민주당」 후보로 출마한 건가? 그의 속마음을 모르겠다.

그는 인터뷰 중 "현시대는 진보와 보수의 대결이 아니라, 기득권과 반(反)기득권의 대결이 되고 있다"라고 주장하였다. 필는 기득권을 보수라고 공부하였다. 그리고 반기득권은 기득권을 무너뜨리는 세력으로 진보(進步)를 의미한다. 그런데 대관절 이재명은

화장실에서 사법고시만 공부했지 아마도 철학공 부나 인문학 공
부는 못 한 것 같다.

깊은 상처는 언제나 가장 가깝다고 생각하는 사람이 준다. 혼자
좋아하고 상처받지 말자! 돌아오는 게 상처뿐이라면 굳이 그 인연
을 끌고 갈 필요가 없다. 여러분 모두는 안다. 누군가에게 사랑받
는 일이 얼마나 부담스러운가를 안다. 그러면서도 누구나 착각한
다. 사랑은 내가 좋아서 스스로 주는 거라고 말하면서 또다시 상
처를 받는다. 그 반복이 여러 번 되풀이되면서 드디어 '학습효과'
가 일어난다. 그러고 나서야 사랑하지 않는 법을 알게 된다.

독일 사회학자 막스 베버(Max Weber, 1864~1920)는 그의 유명
한 저서 『프로테스탄티즘의 윤리와 자본주의 정신』(*Die protesta-
ntische Ethik und der Geist des Kapitalismus*, 1904)에서 이렇
게 말한다. "신(God)을 믿는 자본가가 이웃을 위해 봉사하여 번
돈이기에 정당하다." 때문에 "자본가는 당당하다"라고 변호한다. 그
러나 그의 말과는 달리 전 세계 어디에서든 자본가나 기득권자는
항상 국민을 약탈하고, 그들의 부(富)는 전 세계 민중들의 삶을
강탈하여 이룩한 부(富)일 뿐이다. 그런데 이재명 시장이 바로 그
기득권을 위하여 살겠음을 분명히 하였다.

한마디로 이재명은 '진보'를 '보수'로 해석하는 말장난을 하고
있다. 이야말로 궤변이라고 하지 않을 수 없다. 철학에서 '궤변'이
란 황당한 소리를 의미한다. 이재명은 얼마 전 석사학위 논문 표
절 사건이 드러나자 「가천대학교」란 대학교가 있는지 이름도 모
른다고 발언한 바 있다. 그러나 그가 「가천대학교」에서 석사논문

을 받았다는 사실이 필자를 놀라게 하였다. 그런데 이제는 궤변으로 국민을 속이려 하고 있다.

이재명의 출신지는 경북 안동이다. 골수 보수지역인 것은 맞다. 그렇다면 앞에서 필자가 이미 언급한 바 있는 알포드와 히빙이란 사람이 말했다는 것에 눈길이 다시 갔다. 이 논문은 정치적 환경적 요인은 11%만을 인정하고 나머진 유전적 요인으로 설명한다 (본서 35쪽). 그렇다면 이재명 시장은 보수 골통이 맞다.

이재명 스스로 5.18 광주정신 거부

그렇다면 이재명은 이제부터 보수주의자가 된 것으로 판단해도 될 것 같다.

문재인 대통령 역시 원래 보수주의자이며 전두환과 동급으로 민주주의를 역행하고 있다. 바로 지방선거와 총선 개입이다. 이재명 역시 스스로 보수를 자처하며 '5.18광주정신'과는 확실한 거리를 취했다고 보아야 한다.

이재명은 '5.18광주정신'을 대권야욕에 사용하기 위한 5.18묘역 방문을 자제하기를 진심으로 바란다. 이재명은 호남과 분명하게 선을 긋겠다는 자기 소신을 명백하게 밝힌 셈이다. 필자로서는 이렇게 빨리 자기 색깔을 보여 주어 고맙다. 이제 미련을 버렸기 때문이다. "혼자 잘해주고 상처받지 마라!"는 문구가 다시 떠오른다.

보수는 절대로 역사를 발전시키지 못했다. 역사는 항상 안중근 같은 진보주의자나 독립투사 한용운 같은 분들이 이끌며 발전하여 왔다.

착한 보수는 없다

이재명이 곧 미국에 들러 아부도 할 예정이라고 당당하게 말한다. 그 모습은 실망을 넘어 필자를 분노케 하였다. 역사에서 보수는 기득권이었으며 항상 국민들을 괴롭혔다. 자본주의와 함께하는 한국의 보수를 이재명이 맡아준다고 하니 「통합당」을 떠나고 싶어 하는 대기업들의 협조가 많을 것으로 생각된다.

마지막으로 분명하게 말해두지만 이재명은 보수를 올바르게 바라보는 그 시각만은 공부를 잘못했다는 것을 지적해 두고 싶다. 그리고 이재명의 화끈한 어투도 진보를 속이기위한 가장이고 순전히 정치적 계산이었음을 이제 알게 되었다.

우리 국민들은 이제부터라도 이재명을 재조명하면서 보수와 진보도 구분 못하는 그와 확실한 거리를 취할 필요가 있음을 힘차게 외쳐야 할 때이다. 다시 말하지만 좋은 보수도 없고, 착한 보수도 없다. 진보적 사고가 있었던 사람이 종북(從北) 프레임 때문에 보수를 선택했다면 이 또한 믿을 수 없는 정치인이다. 이재명의 사고와 달리 진보는 열심히 보수를 밀어내고 지금 이 순간에도 진보하고 있다. 이재명의 궤변에 우리는 속지 않을 권리가 있다!

이재명의 궤변과 문재인의 거짓말

이재명과 같은 궤변은 모든 정친인들에게서 발견할 수 있다. 대통령에 당선되자마자 문재인의 이슈는 5.18 민주화운동이었다. 그리고 부동산정책이었다. 하지만 취임 3년이 지났지만 5.18 문제도 부동산 정책도 어느 하나 해결될 기미가 보이지 않는다. 5.18 진상규명과 민주화운동가 예우는 이미 물 건너갔고, 취임당시 8억 원 정도 하던 아파트가 15억 원이 넘어 서고 있다. 현실이 이런대도 3기 신도시, 소위 위성도시 건설 기획이란 대책 말고는 계속 종합부동산세 카드만 만지작거리고 있다.

정말 되는 것도 없고, 안 되는 것도 없음에도 「미래통합당」이 잘못하는 덕분에 '문재인 보유국'이란 타이틀을 얻으며 문재인은의 인기는 승승장구하고 있다. 민주화운동가들을 위한 것은 법만 만들면 되는 간단한 일이다. 또한 부동산 정책은 독일식 방법을 따르면 당장 해결되는 문제이다. 중산층을 보호한다는 생각에서 인지, 또는 투기꾼을 위한 것이지 아파트 값은 하늘이 무섭지 않게 올라가고 있다. 이러다가는 가계부채 증가로 나라가 거덜 날 것으로 보인다. 아마도 우리 정부는 빚이 작기 때문에 안심하고 있는듯하다. 하지만 이것은 오산이다. IMF 당시에는 정부가 부채가 많아 거덜이 났지만 현재 우리나라는 국민이 부채가 많아 거덜이 나게 생겼다.

민주화운동가 예우문제나 부동산정책이 발 빠르게 진행되지 못하고 있는 이유는 바로 기득권층의 식민사관 때문이기도 하고, 아직도 현정부를 지배하고 있는 세력이 친일 잔재세력과 군사독재

부역세력이기 때문에 진행이 어려울 수밖에 없기도 하다.

강단 역사학계를 보면 통일신라 영토를 만주를 제외하고 한반도 청천강 이남으로 표기한다든지, 고려 영토를 만주 지역을 제외하거나 천리장성이 한반도에 있었다고 쓰고 있다. 하지만 강단 밖의 시민사관(市民史觀)에서는 통일신라 영토나 고려시대 영토를 만주 땅까지 표기해야 한다고 주장하고 있다.

이처럼 우리나라는 정치, 경제, 역사, 사회 등등 모든 문제에서 다시 출발하지 않으면 안 되는 진보적 시점에 와 있다. 때문에 이재명의 보수론이란 그저 표를 얻기 위해 아무소리나 맥락 없이 던지는 소리라고 말하지 않을 수 없다.

다시 말해 이재명은 '궤변'을 남발하고 있는 것이고, 문재인은 '거짓말'을 남발하고 있는 셈이다. 그렇게 남발되는 '궤변'과 '거짓말'에 지금도 순진한 국민들은 속고, 또 속고 살아가고 있다. 그래서 필자는 거짓말을 하지 않고 정치를 하고, 행정을 열심히 하는 박원순을 지지할 수밖에 없다.

5.18 당시 광주

4차 산업혁명과 복지

2019년은 4G 시대에서 5G 시대 원년이다!

2019년을 원년으로 이제 5G 시대가 열렸다! "정말 인간이 기계의 지배를 받지 않을까?"란 것을 염려하는 공상과학 소설 같은 ① 빅 데이터와 ② 사물 인터넷 시대가 열린 것이다. 그리고 2019년 6월에는 상암동에서 자율자동차와 시내버스가 박원순 서울시장 등을 태우고 상암동 월드컵 운동장 주변을 한 바퀴 도는 데 실험 운행하여 성공을 거두었다. 이는 빅 데이터가 활성화될 수 있음을 보여준 하나의 예이다.

그렇다면 4차 혁명이라고 부르는 미래사회는 무슨 시대인가? 바로 박원순 시장에게 선물하고 싶다는 『코로나19 이후의 미래』라는 책에 잘 설명되어 있다. 즉 AI, 빅 데이터, 사물 인터넷 시대를 말하는 것이다. 재작년 2018년까지는 4G 시대였다. 즉 여러분들이 쓰고 있는 핸드폰은 LTE 이다. 이걸 4G 시대라고 부른다. 그럼 4G와 5G는 무엇이 다른가? 우선 첫 번째로 속도가 빨라진다는 것이다. 현재의 LTE 속도가 20배에서 40배까지 빨라진다. 두 번째 속도만 빨라지는 게 아니라 정확도가 100%라는 점이다.

빅 데이터란 용량을 한없이 사용할 수 있다는 의미이고, 또 사물 인터넷이란 사물과 사물이 서로 대화한다는 의미이다. 다시 말해 자율주행버스는 주변의 사물과 대화를 하면서 거리나 위험도, 정차할 곳을 빠르게 검색하며 사물끼리 서로 내용을 주고받으며 일을 한다는 의미이다. 그런데 5G 시대에는 오차도 없을 뿐만 아니라 속도까지 빨라지니 자율폭격기나 자율미사일 등이 빠른 속도로 100% 정확도를 가지고 적(敵, enemy)의 심장부를 날려버릴 수 있다는 계산이 나온다.

여론조사는 빅 데이터에 밀리고 있는 중

이제 정치지형도 빠른 속도로 변할 것으로 보인다. 매주 무료로 자신의 지지도나 당의 지지도, 기타 여러 가지 결과를 보면서 선거운동을 할 수도 있다. 이는 속도와 정확도만 가지고는 해결하지 못한다. 여기에는 용량 증가가 반드시 필요하다. 그리고 20대 국회처럼 오프라인에서 싸우는 것이 아니라 국회도 온라인 투표를 통하여 회기가 열리는 시대가 오고 있는 것이다. 따라서 인터넷뱅킹처럼 집에서 투표하는 선거제도 도입도 멀지 않았다고 본다.

현재 우리나라의 모든 정당이 운영하고 있는 '디지털 위원회'는 단순한 SNS만 이용할 뿐 당의 지지도나 후보자의 지역인기도나 그리고 선거가 다가오면서 수시로 변하는 지역여론 시뮬레이션이 불가능하다. 하지만 이제 각 후보자는 자신의 핸드폰으로 인터넷 방송을 통하여 24시간 선거운동하는 모습을 전국에 송출할 수 있다. 때문에 유권자는 '페이스북'이나 '유튜브' 등만 켜면 후보자가 어디에서 무엇을 얼마나 열심히 하는지 그 모습을 생생하게 볼 수 있다.

미중 무역전쟁은 실제 전쟁이다!

인공위성에 5G 기술을 장착한 후 GPS를 찾아 정확하게 맞추어 공격하면 미국의 백악관도 확실하게 한 방에 날려버릴 수 있다는 것이다. 이런 놀라운 기술을, 즉 저작권을 중국이 한국 및 미국으로부터 빼돌려 5G 통신망 및 핸드폰을 만든다고 한다. 그러니 미국으로서는 참을 수 없는 행동이었기에 '민주당'과 '공화당' 모두가 손을 잡고 중국을 과거 소련처럼 없애버릴 생각을 지니고 시작된 무역 전쟁이다.

이걸 문재인 대통령과 김정은만 모른다는 거다! 그러나 우리 민주화운동가들은 이를 알고 있다. 문재인 대통령이 지금 어디로 줄을 서야 되는지 감을 못 잡고 있는 것으로 보인다. 5.18 망언자 지만원 한 명 못 잡는 주제에 무슨 김정은을 잡아서 평화통일을 하겠다는 것인지 이해할 수가 없다. 이상주의자라고 평가절하하고 싶다. 문재인 대통령이 사는 길은 민주화운동가들과 손잡고 새로운 대한민국을 만드는 것이다

여기서 친북 주사파들은 모두 제거해야 한다. 문재인 주변에는 주사파들이 득실거린다. 친북주의자들은 현재 세계의 흐름을 정확하게 봐야 한다. 지금 미국은 패권전쟁 중이다. 중국도 이 패권전쟁에 한반도를 끌어 들이고 있다. 최고 외교 전략이 필요한 시점

이다. 내가 대통령이라면 주사파를 냉정하게 갈아엎고, 정말 민주화를 위해 싸운 고급 지식인들을 전면에 내세우며 정당성과 우월성을 바탕으로 세계 패권전쟁에서 남북문제를 해결할 생각이다.

이제 소득분배의 시대이다

또한 4차 산업혁명은 기본수당과 복지 시스템이 함께 연결되면서 한 단계 업그레이드된 의식이 동반되어야 한다. 다시 말하면 노예시대보다는 봉건시대의 사람들이 더 높은 의식을 가지고 있었고, 봉건주의 시대보다는 현대 자본주의 시대가 더 높은 의식으로 성장하고 있듯이 4차 산업혁명시대는 한 단계 더 높은 시민으로 교육되어야 한다. 그러기 위해서는 전 학교 교육이 무상으로 이루어져야 한다. 카이스트 이경상 교수는 그의 저서 『코로나19 이후의 미래』에서 새로운 자연과학의 발전은 또 다른 직업이 양산되어 노동자 취업률은 더욱 높아질 것이라고 예언한다.

여기서 철학자들이 올바른 방향을 제시해야 한다! 최저임금이 올라서 일자리가 줄어드는 게 아니고, 이처럼 자연과학의 발전 때문이다. 독일 같은 나라도 실업자가 500만이 넘었다. 하지만 높은 복지시스템과 상승된 시민의식으로 사회주의식 복지로 성장발전하고 있다. 우리나라 역시 주 5일 근무에서 3일 근무로 바뀔 날도 멀지 않았다. 그리고 수많은 직업이 없어지고, 수많은 직업이 복지에 걸맞게 등장할 것이다.

인공지능은 알고리즘에게 지식을 주입하는 기계이기 때문에 항상 변덕스러운 인간의 발전을 이겨낼 수 없는 그냥 인간만을 위한 기계일 뿐 자기 스스로 자가 발전할 수 없기에 쓰잘디 없는 걱정은 할 필요가 없다. 인공지능이라 하더라도 이는 기계일 뿐이다. 하지만 수십 년 혹은 1백여 년이 지나면 인간과 엇비슷한 인공지능이 나올지도 모른다. 하지만 인간의 의식수준이 인공지능 수준에 머물러 있으면 20대 국회 당시 이종명, 김순례, 김진태, 나경원처럼 발전하지 못하고 전체주의나 독재국가로 다시 돌아갈 수도 있다. 때문에 4차 산업혁명 시대에는 이런 얼빠진 인간들이 나오지 않도록 국민들은 노력해야 한다.

우리나라는 한류뿐만 아니라, 민주주의까지 수출하는 위대한 대한민국이다! 또한 5.18 민주항쟁이 없었다면 현재의 세계 몇 번째 안 되는 경제대국도, 최강의 전투력을 지닌 군대도, K-POP도, 한류도 없었을 것이다! 그래서 5.18 민주항쟁은 자랑스럽고 대단한 것이다! 말레시아 및 홍콩 등에서 '님을 위한 행진곡'을 부르고 있는 것을 보면 '4차 산업혁명'은 전 세계 민주주의까지 앞당기도록 하는 미래사회변혁의 기초임을 새삼 확인할 수 있다.

5.18 당시 광주 사망자

4차 혁명과 부동산

앞글에서 박원순 서울시장이 자율자동차를 타고 상암동 주변을 돌아보았다는 이야기를 소개한 바 있다. 사실 우리 발등에 떨어진 숙제는 **5G · 인공지능 · 우주개발**이다. 그런데 이러한 미래산업이 '**COVID-19**'로 인해서 더욱 빨리 다가오고 있는 듯하다.

그러나 이번에는 '포노 족'(phono sapiens)이란 신조어에 대해서 이야기해 보고 싶다. 바로 스마트 폰을 주로 사용하는 사람들을 일컫는다. 인공지능 시대는 이와 함께 성장한다. 그리고 우리 세계는 어느 순간 4차 혁명의 진행과 함께 사회주의로 빠르게 진화하고 있는 중이다. 또한 『엔트로피』 저자 제레미 리프킨은 이를 '공유자본주의'라고 명명한다.

프롤레타리아 혁명에 의해 이루어진다는 공동체사회, 또는 사회주의 사회가 첨단 자본주의에 의해서 진행되고 있다. 인공지능 (AI)과 함께 발전하는 자동기계에 의한 생산은 한편으론 인간의 일자리를 빼앗고 있기도 하지만, 더 고급 일자리를 만들며 자본의 사회화 또는 공유자산 또는 사회적 자산으로 그 흐름이 바뀌고 있다. 뿐만 아니라 많은 스타트업으로 인하여 자본의 이동도 예상되고 있다.

삼성 이재용이 더 이상 대물림을 하지 않겠다고 선언한 것은 이제 재벌이 개인 자산이 아니라 사회적 자산으로 변하고 있음을 알고 있기 때문이다. 또한 노동운동을 인정한 것 역시 노조가 필요 없어진다는 사실을 예단하고 내린 선언들이다. 곧 사회적 자산으로 변화하고 있는 자신의 기업이 자신의 손을 떠나는데 굳이 노조를 탄압할 필요가 없음을 의미한다.

앞으로 10년 후에 세상은 많이 변해 있을 것이다. 일주일 노동 시간은 하루 6시간 이하로 줄어들고 휴일은 주 3일로 늘어날 것이다. 국내에서 생산 중인 '코로나19' 진단키트는 인공지능으로 계산하여 '코로나19'가 시간의 흐름에 따라 변이가 일어나고 있음을 알고 거기에 맞게 매일매일 다르게 생산되고 있다고 한다.

그런데 바로 4차 혁명의 중심에 대한민국이 있다. 유튜브와 맞먹는 넷플릭스가 한국에 투자를 시작하면서 구글도 함께 편승했다는 뉴스가 나오고 있다. 5G 통신망이 전국에 깔려 가는 중이고, 핸드폰으로 영상 수업을 하는 나라는 대한민국뿐이다. 그만큼 스마트 폰 보급률이 높다는 이야기이다. 바로 이런 시대에 SNS 하나 하지 않는 인간들이 있다.

페이스북을 통해서 얼마든지 빠르게 접할 수 있는 소식들이 매우 많다. 핸드폰으로 영상을 편집하고, 핸드폰으로 유튜브를 하는 나라, 그리고 이번 '코로나19'로 보여주고 있는 의료시스템의 위력, 그걸 보고 자영업자까지 고용보험을 확대하자는 정책 등은 변이된 사회주의 정책의 하나이다.

모두가 잘 사는 나라, 재벌기업이 집단소유로 변하고 소득이 재분배되는 사회로 빠르게 진행되는 자본주의의 첨단산업의 끝은 어디인가? 바로 칼 맑스가 꿈꾸었던 지상낙원이 현재 진행 중에 있다. 우리나라는 부동산정책만 성공하면 확실한 복지국가로 수평 이동할 것이라고 필자는 장담한다.

이제 세계는 언론사를 통해 알리려 하는 방법보다는 각종 SNS 나 '유튜브'나 '넷플릭스'를 통하여 빠르게 전파될 수 있는 방법을 선택해야 한다라! 유튜버 1인 수입이 MBC 수익의 2배를 넘는 게 현실이다.

박원순은 금년 말까지 서울시내에 **5G 통신망**을 모두 깔겠다고 선언했고, **부동산정책**에 올인하는 것으로 알고 있다. 이미 시대는 변했다. 이제 남은 건 부동산 정책과 소득분배이다. 시민들이 소득이 없어 허덕이고 있다. 빚을 내서라도 재난지원금 지원을 늘려야 한다. 지금 시작하지 않으면 1천만 명 지켜내기는 쉽지 않을 것이다.

5.18 당시 광주

위기 속에 기회는 있다

인간에게 지혜란 무엇일까?

사실 현재 대권으로 가는 길에 있어서 박원순에게 유리한 정치적 입지는 없다. 사실이든 조작이든 여론조사도 밀리고 있고, 「더민주당」 내에서 친문세력의 지지를 받고 있는 것도 아니다. 하지만 우리 인간에게는 지식을 갖추면 지혜를 생산하는 법칙이 있다.

사람들은 철학(哲學) 공부를 했다고 하면 일반적으로 신비한 학문을 했다고 보거나 어려운 학문을 했다고 생각한다. 아니면 사주나 관상을 볼 줄 아는 사람으로 착각한다. 그러나 '철학'이란 글자 그대로 지혜를 공부하는 학문이다. 한자로 철(哲)은 지혜를 의미한다. 영어의 철학(Philosophy)도 지혜를 의미하는 합성어이다. 하지만 그냥 윤리나 도덕적 학문으로 치부하는 사람들도 많다.

또 하나 민주화운동을 했다고 하면 머리에 붉은 띠를 두르고 투쟁만을 외친 과격한 사람으로 보거나 경제발전을 가로막은 사람으로 보기도 한다. 또는 조국사랑이 매우 넘치는 사람으로 보는 사람도 간혹 있다. 둘 다 상기 철학이란 말처럼 쉬운 말을 어려운 말로 이해하듯이 민주화운동이란 쉬울 수도 있고, 각오가 따르는 일이 될 수도 있다.

하지만 철학이란 말이 지혜를 의미하듯 민주화운동도 지혜로운 운동의 하나이다. 대부분의 개발도상국이나 후진국에서는 한국처럼 군사쿠데타에 의한 독재정권이 탄생하거나 북한이나 쿠바처럼 세습을 하는 나라가 등장한다. 그런데 독재국가의 경우 처음 10년 또는 20여 년 동안은 민주적인 정치제도를 지닌 나라의 경제발전을 추월하는 경우가 대부분이다.

우리도 박정희 시대 때 그랬지만, 소련도 그랬고, 북한도 그랬으며 리비아 등등 거의 모든 독재국가들의 경제발전은 민주주의를 희생시키며 발전하는 경우가 허다하다. 하지만 이런 독재적 정치형태는 얼마 가지 않아 경제발전을 둔화시켰다. 따라서 독재개발에 신물을 느낀 세력들, 소위 민주화운동가들에 의해서 독재자를 몰아낸 나라는 경제성장이 지속적인 동력을 가지고 발전하였다. 하지만 독재자를 몰아내지 못한 북한, 쿠바, 필리핀, 아르헨티나, 태국 또는 리비아 등은 성장 동력이 마비되어 굶어죽는 나라로 대부분 전락하였다.

우리나라는 독재국가 중에서 성장 동력이 최고에 이르면서 각종 모순이 중첩되어 경제력이 둔화되는 현상에 이르자 민주화운동이 격렬하게 일어나 독재정권을 무너뜨리고 새로운 동력을 가동시킨 전 세계 유일한 국가 중의 하나이다.

시민들의 정치학습효과

만약 독재정권이 지금까지 계속되었다면 남한도 북한처럼 굶어

죽고 있었을 것이다. 또한 우리는 자본주의 국가 중에서도 국가소유 기업이 가장 많은 나라이고, 또 계획경제를 달성시킨 자유주의적 반(半)자본주의 국가이다. 서구 유럽은 토지는 국유화되어 있어도 기업은 자유기업이다. 그런데 우리는 은행, 우체국, 기업 등을 국가가 운영하면서 토지는 사유화를 인정하는 지구상 한국적 자본주의를 성공시킨 대표적인 국가이기도 하다. 거기다 대통령중심제라는 작은 국가에 어울리지 않는 정치제도를 선택한 참 재미있고 매력적인 나라이기도 하다.

지방자치제도는 되어 있으나 시장이나 군수가 경찰서장 임명권도 없이 굴러가는 이 역시 반(半)지방자치제도이다. 모든 세금을 거의 국가가 회수한다. 선진국의 경우 70%이상이 지방세로 되어 있어서 주민들이 자기가 사는 곳이 아니면 술 한 병도 담배 한 갑도 또 물 한 방울도 다른 도시에서는 사지 않는다. 외부로 여행을 갈 때는 꼭 자기가 사는 도시에서 모든 걸 준비해 가지고 간다.

그러나 우리나라는 지방세에는 아무런 관심이 없다. 곧 자치제가 반쪽짜리라서 고향을 사랑하는 마음이 적기 때문이다. 그러나 이런 지방자치제라도 장을 누가 하느냐에 따라서 그 지역만 소득이 높아지게 할 수 있는 방법은 매우 많다. 하지만 그런 재능을 가진 사람들을 각 정당의 국회의원들이 공천해 주지 않는다. 바로 자기의 국회의원 자리를 위협한다고 생각하기 때문이다. 따라서 시민들이 각성하지 않으면 지방자치는 발전할 수 없다.

박원순을 보면 별 볼 일 없는 시민운동가였지만 역대 서울시장 중에서 가장 훌륭하게 서울시정을 이끌고 있는 사람이다. 친노와 극우파들이 그의 대통령 행보가 두려운 나머지 아들 병역문제 등으로 시비를 걸었으나 그의 행보는 진보 그 자체이다.

정동영의 경우는 그렇게도 호남민심이 '호남무소속연대'를 주장했지만 안철수의 인당수(印塘水)로 빠져버렸다. 당시 호남민심은 천정배당으로 가면 천정배당 사람이고, 안철수당으로 가면 안철수당 사람이라고 말리며 '호남무소속연대'를 해서 닭 벼슬이 낫다고 생각했다. 그러나 정동영은 그렇게 이인제가 「자민련」으로 가듯 그 학습효과를 그대로 걸어가 죽어버렸다.

학습을 했는데도 그걸 분간하지 못하면 학습효과가 없는 것이다. 독재정권도 처음에는 학습효과가 먹혀들어 경제성장이 일시적으로 일어나지만 시간이 갈수록 그 학습효과는 효력이 없어지게 되는 것이다. 지금 정치가들이 별의별 소리로 떠들고 있지만 국민들이 이제는 그 어떤 학습효과에도 믿지 않는다. 자기 고장 시장, 군수는 자신보다 못한 사람이나 행정가 출신을 영입하여 만들어놓고 자기를 위협하는 사람은 모두 제거하는 방식으로 국회의원을 하는 소위 이런 사람들에게 이제는 국민이 뭔가를 보여줄 때가 되었다.

이제는 눈을 바로 뜨고 보자

차기 대통령선거에서는 정말 좋은 사람, 아니 훌륭한 사람이 대통령이 되어야 한다. 이제는 한 번쯤 악의 축에서 벗어나는 국민들의 선거혁명이 필요한 시점이다. 각 정당이 선택해서 공천장을 준 후보보다도 우리나라 발전에 가장 훌륭한 사람을 뽑는 방법을 생각해야 하는 전 국민의 지혜가 필요한 때이다.

모든 국민이 올바른 철학을 지니고 있으면 그 누구도 함부로 하지 못한다. 본인은 정말 순수하게 박정희와 전두환이라는 독재자가 싫었다. 무슨 국회의원 빼지나 달고자 민주화운동을 한 것은 아니다. 그리고 지금도 나의 고향 익산을 사랑하고 있고, 호남인임을 항상 자랑스럽게 생각한다.

하지만 권력욕에 찬 이해찬, 김부겸, 임종석, 홍영표, 김민석, 심재철, 김문수 같은 사람들이 민주화운동가들에게 커다란 상처를 주고 국회의원 빼지를 달면서 순수한 민주화운동가들까지 욕을 먹는 사태가 일어나고 말았다. 무슨 보상을 받고자 한 것도 아니었다. 그런데 권력자들이 그렇게 만들고 생색을 내고 있는 것이다. 본인은 지금도 갖가지 술수를 부리면서 우리 시민들에게 사기치고 있는 국회의원이나 시장, 군수가 정말 싫다.

바른 마음을 가지면 바른 정치를 하게 되어 있다. 그동안 박원순이 걸어온 길을 볼 때 항상 순수했고, 가장 소신 있는 사람이었다. 그래서 나는 박원순이 좋다.

본질과 현상

도덕과 정의

도덕과 정의가 바로 지켜지지 않으면 국민들 모두 의욕이 없어지고 절망에 빠져 목숨 이어 가는 것에만 신경을 쓰게 된다. 그리고 도덕 불감증과 함께 이익만 좇는 무리들이 늘어나게 된다. 요즘 북한사회가 그런 것 같다. 그러나 남한의 모든 지역에서도 이런 현상이 불거지고 있다.

필자가 나름 청년시절 정의를 외치고, 민주화를 열망하던 때 대한민국 대통령 피살사건이 일어났다. 그리고 '서울의 봄'을 맞아 전 국민이 민주주의를 목마르게 외쳤음에도 전두환은 국민이 사준 탱크와 총으로 적(敵)을 지키지 않고, 오히려 국민에게 총을 쏘고 국민을 살상하는 살인행위를 저질렀다. 그리고 뻔뻔하게도 소위 신군부정권을 수립하였다. 나의 도덕심이 분노하였다. 1980년 5월이었다.

그리고 1980년 5.18민주화운동과 관련하여 광주 상무대 육군보통군법회의 군형무소에 들어갔을 때 같은 방에 있던 사람 중에서 가장 인상 깊었던 사람이 있었다. 당시 조선대학교 학생이었던 김종배 시민·학생총위원장과 고향땅에서 잡혀 온 전북대학교 학생

회장인 김희수였다. 특히 김종배 씨에 대한 마음은 존경스럽기까지 했다. 그래서 이 책의 말미에 김종배 씨의 5.18민주화에 내한 대담을 실었다.

그리고 이제는 성함을 잊어버린 어르신 한 분이 있었다. 이름을 오랫동안 기억하지 못하는 이유는 그 분이 며칠 후 단순가담자로 분류되어 곧바로 출소하셨기 때문이다. 육군형무소란 생소한 곳에 대한 두려움과 누군가는 사형에 처해질지도 모르는 공포의 시간이었다. 하루 종일 양반자세로 앉아 있다가 저녁식사로 죽을 먹고 취침나팔 소리와 함께 담요를 펴고 잠자리에 누웠다. 이때 옆의 그 어르신께서 귓속말로 말했다.

"왜 잡혀 왔는지는 모르겠으나 겁먹지 말고 어깨를 쭉 펴고 명예롭게 살다가 나가서도 당당하게 살라!"

이렇게 충고해 주셨다.

아마도 내가 너무 주눅 들어 있는 모습이 보기 싫어서 그러셨던 것 같다.

그리고 덧 붙이셨다.

"어차피 여기서 형을 얼마나 받을지, 또 풀려날지 어떨지는 모르지만 우리 모두가 조국 앞에 부끄럽지 않게 민주화를 외친 것이니 명예롭게 생각하고 죽을 때까지 자랑스럽게 생각하며 살자!"

이렇게 말씀해 주셨다. 이후 나는 이분의 성함은 잊었어도 지금까지 이 충고는 잊어 본 적이 없다.

몇 년 전 서울 지하철 구의역 인명사고에 대하여 갑자기 뉴스의 포커스가 박원순 서울시장에게로 몰린 때가 있었다. 물론 대처가 늦었다는 비난성 소리였다. 그리고 여론조사는 바닥을 쳤다.

하지만 각종 여론조사기관의 차기 대권 여론조사 응답률이 5% 이하라는 점을 볼 때 국민들의 정치권에 대한 시각은 냉랭해 보인다. 이런 시기에 이를 능동적으로 대처하는 박원순 서울시장을 공격하는 극우파의 일베식 공격은 오히려 스프링효과를 가져왔다.

구의역 사건을 박원순 서울시장에게 불리하게 몰고 가려는 세력이 기회를 만났다고 생각했는지 정신없이 박원순 시장을 때리고 있었다. 우리는 그동안 여론조사에서 떴다가 가라앉는 정치인을 수도 없이 보아 왔다. 정몽준, 문국현, 이인제, 정동영 등등. 한때는 반기문 유엔사무총장이 뜨기도 했다. 박원순은 지난번 서울시장 선거 때 유명한 말을 남겼다.

"여론조사는 편향되어 조사되기에 묵묵히 나아가겠다."

과거 이인제나 정동영의 학습효과는 당내에서 자기 계파가 없었다는 거다. 박원순 역시 이 학습효과를 예의 주시해야 할 것이다. 현재는 서울시정에 최선을 다해야 한다. 대권이라는 것은 기회가 주어지면 자연스럽게 떠오르게 되어 있다. 박원순 시장이 촛불혁명 직후 대선 불출마를 시사한 것은 우선 '서울시정에 올인하겠다는 뜻'이라고 봐야 한다.

구의역 사건에 대한 시민 사이의 토론도 있었다. 이 자리에는 학계, 노동계, 언론, 시민단체 등 각 분야를 대표하는 전문가 패널 10명과 시민패널 100명이 참석해 비정규직 실태, 안전 위협 요인, 고질적인 사회적 특권과 관행, 불평등·불공정 사회적 구조 등에 관해 3시간 30분에 걸쳐 논의했다. 토론회에서는 우리 사회에 만연되어 있는 업무의 외주화를 사고의 근본적인 원인으로 꼽았다고 한다.

공공기관, 백화점, 대형마트, 아파트 등등이 모두 인건비를 착취하는 외주기업들 때문에 커다란 문제가 되고 있다. 직원 1,000여 명이 넘는 백화점에 정직원은 10여 명이고 외주업체가 이들 인부를 모집하여 대주고 있는 자본주의의 고질적 마케팅전략 때문이다. 노동운동을 막고, 그 책임을 외주업체가 지는 형식이다. 현대, 삼성, KT 등의 서비스 종사자들은 해당사의 유니폼만 입었지 모두 외주업체 직원들이다.

한마디로 노동운동을 막고, 인건비를 착취하는 자본주의의 가장 전형적인 새로운 형태의 노동착취 방법인 것이다. 모든 관공서도 이러한 편법적 방법으로 공무집행을 위임한다. 이때부터 '박원순 죽이기'가 시작된 것으로 보인다. 하지만 '박원순 죽이기'는 오히려 스프링 학습효과를 가져올 수도 있다. 인기 없던 한 시민운동가가 안철수라는 인기를 업고 서울시장으로 당선된 것은 그의 능력이자, 하늘이 준 기회였다.

오히려 구의역 사고를 통하여 박원순 서울시장이 재야단체운동할 때의 정신을 토대로 용기를 가져주기 바랐다. 그러면 의외로 과거 필자가 5.18민주화운동의 트라우마를 극복하듯이 이 어려운 상황을 자본주의적 과제라는 큰 틀에서 해결해 나가면 쉽게 풀려나갈 것이라고 생각했다.

사회적 의식이 사회적 존재를 규정한다. 이러한 사회시스템은 언젠가는 자본가들에게 커다란 타격을 주게 될 것이다. 아마도 문재인 정부가 들어서면서 필자는 이 문제를 가장 먼저 해결해야 할 과제라고 보았다. 하지만 비정규직 해결 문제는 아직도 현재진행형이다.

　바로 광주 5.18 정신을 이어받을 자격이 있는 자는 이 점에서는 아마도 박원순이 적임자일 거라고 본다. 광주 상무대 육군 철창속에서 "겁먹지 말고 어깨를 쭉 펴고 명예롭게 살다가 나가서도 당당하게 살라!"는 그분의 말씀대로 필자는 떳떳하고 당당하게 박원순을 지지한다.

5.18 당시 광주

호남은 진보의 중심지

허위사실유포금지 가처분

누르거나 비난하면 더 나아지는 법칙이 또 일어났다.

박원순 서울시장의 아들의 '병역비리 의혹'을 거듭 제기해오던 변희재의 움직임에 제동이 걸렸다. 서울남부지법 제51 민사부(심우용 판사)는 변 씨를 상대로 박원순 시장이 낸 허위사실유포금지 가처분 신청을 받아들여 또 다시 이런 글을 쓰면 하루 300만 원씩 내야한다. 변희재 씨는 대표적인 극우 인사이다. 한때는 진보 논객이었으나 보수로 전향한 인물이다.

칼 맑스는 앞에서도 인용한 바 있지만 그의 저서 『정치경제학 비판을 위하여』에서 "인간의 의식이 그들의 존재를 규정하는 것이 아니라, 반대로 그들의 사회적 존재가 그들의 의식을 규정하는 것이다"라는 말을 한다.

역시 앞에서도 인용한 바 있지만 서울대 김세균 교수는 「권력의 DNA : 정치행태의 생리적 접근」이라는 논문과 『사상이 필요하다』라는 저서에서 의미 있는 접근을 한다. 그 내용 중 「한국 진보 정치의 회생을 위한 제언」을 참고하면 재미있는 내용을 담고 있음을 알 수 있다.

앞서 언급한 김세균 대표의 논문 중 알포드와 히빙이란 사람이 말했다는 정치진화론은 나에게 신선한 충격을 준 내용이다. 이 논문은 정치적 환경적 요인은 11%만을 인정하고 나머진 유전적 요인으로 설명한다는 점을 주의 깊게 생각해 보자. 또 이 논문은 다윈의 진화론과 유물론 변증법의 환경론이 상호작용하는 통일관계임을 밝히고 있다고 이미 35쪽에서 언급한 바 있다.

한국 진보정치의 메카는 호남

다시 말해 우리나라는 오랫동안 보수적 환경과 유전적으로 보수성이 강한 경상도(특히 경북지역)가 앞으로도 오랜 기간 보수성을 띨 것이라는 내용이다. 반대로 호남(광주)과 영남(창원)은 진보정치의 메카로 발전할 수 있다는 주장이다.

또한 이 주장을 한 알포드와 히빙은 권력 추구적인 행태가 생리적 차이에서 기원한다고 주장한다. 즉 정치적 지배욕구가 높은 공격 유형의 사람, 즉 위기를 기회로 바꾸는 혁명적 자세가 리더로부터 나와야 한다는 이야기이다.

그렇다면 박원순은 혁명적이고 공격적이며 지배욕구가 있는가? 안철수가 가지고 있던 인기를 타협을 통하여 담판 짓고 서울시장에 당선된 것을 볼 때 지배욕구가 대단한 인물임에는 틀림없어 보인다.

과거나 현재나 모든 인간 집단들은 예측하기 힘든 외부환경과 경쟁에 적응하고 생존해야 한다. 이런 조건에서 권위에 기반을 둔

정치적 지배욕구와 리더십은 필요불가결하다.

신자유주의와 영국

이 책에서 김세균 교수는 세계자본주의는 위기에 접어들고 있고, 신자유주의 질서라고 명명한다. 이는 낡은 것과의 결별을 촉구해야 될 시점은 분명하다는 의미이다. 영국 브렉시트14)(Brexit, 영국의 EU 탈퇴) 결정이 이루어지자 세계경제가 불안에 떨고 있다.

왜냐하면 사회적 존재가 사회적 의식을 규정하기 때문이다. 이러한 불안은 전염성을 띠고 있다. 따라서 차기 대통령은 강한 리더십과 진보적 입장의 세계관을 가진 사람, 그리고 착한 대통령이 탄생해야 한다.

현재 박원순이 취하고 있는 스탠스는 아주 적절하다고 본다. 그리고 영국의 「유럽연합탈퇴」는 현재의 시대정신이다. 그리고 이에 따른 영국의 분열은 당연한 일이 될 것이다.

---

14) 영국은 1975년 국민의 65% 찬성으로 유럽연합에 가입하였는데 최근 이민자 문제와 남부 유럽 국가들의 경제위기를 지원하는 문제 때문에 탈퇴를 주장하는 여론이 확대되었다. 특히 이민자 문제로 인해 영국 내 일자리가 줄어든다는 목소리가 높아졌다. 그리고 유럽연합에서 탈퇴함으로 인해 영국 경제가 활성화될 것이라고 주장한다. 한편 브렉시트를 반대하는 진영에서는 브리메인(Bremain : Britain+remain의 혼성어)이라고 하며 이들은 영국이 유럽연합에 가입되어 얻는 이익은 더욱 크다고 주장한다. 영국이 브렉시트로 유럽연합에서 탈퇴한다면 유럽의 여러 국가들과 자유무역으로 얻는 이익이 줄어들기 때문에 오히려 경제가 어려워 질 것이라고 보는 견해다. 브렉시트의 대표적인 반대론자로 데이비드 캐머런 현 영국총리가 있다. 2016년 6월 23일 이뤄진 영국 국민투표 개표 결과 영국의 EU 탈퇴가 확정되었다.ㅡ『두산백과』참조.

세계는 현재 자본가적 방법으로 지금의 스태그플레이션을 해소할 수 없음을 알고 있다. 노동자와 농민, 그리고 소상공인을 중심으로 하여 사회적 약자편에 서서 이 어려움을 돌파해야 한다.

부동산 가격을 안정시키고, 사회적 복지 부분을 확대하여 재벌기업은 사회를 향하여 봉사토록 해야 한다. 1%의 부자가 99%의 가난한 사람들을 멍들게 하는 지금의 경제정책은 결국 나라를 망하게 할 것이기 때문이다. 그래서 박원순이 오늘날 대한민국에 반드시 필요한 정치인이 아닐까라고 생각한다.

5.18 당시 광주

역사란 무엇인가?

우리는 어디쯤인가?

어쩌다가 우리나라가 거꾸로 가는지 모르겠다.

평창 올림픽 당시 외국에서 선수를 빌려서 치렀다고 한다. 그것 뿐인가? 대관절 세월호 사건도 해결되는 게 없다. 그 시간에 박근혜가 바람을 피웠다는 말도 있고, 마약을 했다는 말도 있으며, 성형수술을 했다는 말도 있다. 또 세월호에는 핵폐기물이 있었다는 말도 있고, 그보다 더한 물건이 있었다는 소문도 있다.

이런 상황에서 박근혜 때 보훈처장은 5.18민주행사에 「님을 위한 행진곡」을 계속 못 부르게 하였다. 박근혜 때는 전 국방부장관 아들이 일본 천황 만세를 부르기도 하였다! 대통령의 아버지가 친일파이자 독재자이니 윤리 · 도덕 · 정의가 바로 서겠는가?

복지는 후퇴하고 실업은 늘고

'코로나19' 이후 요즘 거래처에서 수금도 안 되지만 매상도 많이 줄었다. 거기다 수십 년씩 거래한 제작업체에서도 다른 때에 비하여 원자재 값 등 제작비 독촉이 아주 심하다. 그만큼 어렵다는 이야기이다. 실물 경제는 이런데 정부가 하는 일은 금리 인하와 돈 풀기밖에 없는 모양이다.

거기다 달러화와 엔화가 강세로 간다고 한다. 그럼 수출길이라도 열리겠나 싶지만 조선업이 발목을 잡는다. 바로 영국이 배를 많이 수주한다고 한다. 우리나라 고객 영국이 유럽연합을 탈퇴하면서 그 역시 엎친 데 덮친 격으로 혼란스러워 보인다.

물론 방송하는 경제학자도 있어야 하고, 나름 한국경제를 진단하는 대학교수들도 있어야 한다. 그러나 방송하는 경제학자나 정부의 경제통, 그리고 교수들이 언제 대안을 주었던가? 대통령이 스스로 공부되어 있지 않으면 말짱 도루묵이다.

그렇다면 1% 부자들은 또다시 부동산으로 쇼생크 탈출이 계속되면서 2년 후에는 버블경제가 한국을 멍들게 할 거 같다. 부동산은 이미 미국이나 일본에서 보여준 대표적인 모기지(mortgage) 버블 사태가 있었다. IMF는 미국이 대한민국 가지고 장난친 거라면 모기지 버블사태는 국지적으로 일어나는 스태그플레이션으로 막을 대안이 없다.

하지만 이럴 때일수록 복지정책을 강화하여 실업수당을 늘리고, 노동시간을 단축하며, 최저 임금제를 올린다면 어떨까? 전동차 수리사고나 오토바이사고, 여러 하청업체들의 사고도 줄이고 소득분배도 되어 멈춘 경제에 활력을 넣을 수가 있지 않겠는가? 그런데 모든 정책이 소수의 1%에게만 집중되고 있다.

잘못배운 역사

그런데 쥐뿔도 나보다 못사는 인간들이 오히려 민중 편을 들지 않고 잘못된 자들의 앞잡이를 하는 것을 볼 때는 구역질이 난다. 특히 박원순을 못 잡아먹어 안달이 나는 소위 극우파들을 보면 꼭 나치주의자들을 보는 것 같다.

이런 판국에 군사독재 시절 독재정권의 부역자들까지 합세하여 난리를 치고 있다. 국회의원이나 지방자치단체장도 독재정권시절 남들이 민주화운동할 때 행정고시나 사법고시 공부에만 매달렸던 쓰레기 같은 것들이 출마 러시를 이루고 있다.

그러나 진짜는 민중중심으로 역사를 배워야 한다. 집권자가 정치경제학을 모르면 민중이 바로 잡아야 한다. 박원순은 지금까지 민중을 위해서 일하려고 노력한 시장이다. 배우고 싶다는 학생들에게 청년실업수당까지 만들며 중앙정부와 싸웠다.

얼마 전에는 전국 광역단체장들이 치안권이 지방자치로 넘어와야 한다는 의견서를 청와대와 국회에 제출한 모양이다. 국가경찰은 국가와 관련된 업무를 하고 지방 일은 지방경찰이 해야 한다. 지방경찰은 지방에만 있기 때문에 그 지역을 모두 꿰뚫어 볼 수 있다. 그러나 지금처럼 검찰이나 경찰을 전국적으로 뺑뺑이를 돌리면 그 지역 사정을 제대로 알 수가 없다.

완전한 지방자치

요즘 우리 출판계도 저작권 침해로 몸살을 앓고 있다. 하지만 지방자치단체나 지방에서는 중앙정치위주로 돌아가기 때문에 저작권이라는 무서운 법을 알지도 않고, 알려고도 하지 않는다. 마치 역사가 반쪽만 흘러가고 있는 것 같다.

저작권 위반은 바로 인터넷 때문이다. 모든 인터넷 사용자는 현재 저작권을 침해하고 있다. 사진이며 글이며 그림이며 모두 저작자 허가 없이 올리고 내리고 한다. 저작권 침해는 7년 이하의 징역형에 해당하는 무서운 범죄이다. 그러다 보니 우리 회사 도서를 도서관이나 서점에서 스마트폰으로 찍어 가는 걸 모두 고발한다면 이제 대학생이건 교수건 모두 전과자가 되어 버린다.

공부를 한다는데 고발만이 능사는 아니다. 무슨 대책이 있어야 하는데 정부에서 어떤 보상도 없다. 이번 전북 익산의 이한수 후보 구속도 전북 지역을 잘 모르는 타 지역 검찰들이 일으킨 사안이다. 만약 전북 익산에서 저작권 침해자를 모두 고발한다면 어찌 되겠는가? 가관도 아닐 것이다.

서울 등 대도시는 그래도 저작권 침해가 다른 곳에 비하여 낮은 편이다. 그러나 50보, 100보 차이이다. 그래서 출판계가 어려운 건 사실이다. 하지만 저작권 침해 이유를 잘 알기에 고발을 못 하는 것이다. 바로 도서관에 도서가 없기 때문이다.

정치도 마찬가지이다. 서울시장이 민중들과 함께 리드한다면 일반 정치가들보다는 지방정치에 활력을 넣을 것이다. 하지만 아직 박원순 서울시장은 날개는 있으되 받침대가 없다. 바로 그를 받쳐 줄 정당이 없다는 이야기이다.

이대로 가면 「미래통합당」 대권후보는 김무성이나 반기문이 될 거고, 「더민주당」은 물구나무를 서서라도 친문을 후보로 만들 것이다. 그래서 필자는 사회운동을 많이 한 박원순을 눈여겨보고 있다. 다음 차기 대통령은 실력도 좋고, 윤리, 도덕, 정의 등에 앞장설 수 있는 바람직하고 착한 박원순 같은 사람을 뽑았으면 좋겠다. 모든 책임은 바로 우리 국민들에게 있다. 그리고 잘못 뽑으면 다시 우리 국민들에게 고스란하게 되돌아온다.

정당보다도 인물 위주로 한 번쯤 선거가 치러진다면 정당도 변하게 될 것이다. 바로 정당을 변하게 하는 건 민심이다. 지금 각 정당들이 국민을 무시하고 있는데도 국민들은 정당에서 선택한 자가 옳은지 그른지 묻지 않고 투표를 하고 있다. 이제는 바로 가는 역사를 창조하자. 그것이 새역사 아닌가? 우리는 이런 정치공방이 자유스러울 때 발전하였다. 독자들도 나의 글을 읽고 많은 평가를 해주었으면 한다.

5.18 당시 광주

복지국가로 가자

신나는 삶이란 무엇일까?

인간은 생물학적으로 300년을 살 수 있다고 한다.

그리고 지금 세계는 알파고(AlpaGo)와 유전자공학으로 이를 성사시켜가고 있는 중이다. 지금 태어나는 아이는 120여 년은 넘게 산다는 통계가 이미 나와 있다. 그런데 오래 사는 것은 행복지수가 받쳐주지 않으면 오히려 고통이 된다. 따라서 향후 정책 제1호는 복지라고 말할 수 있다. 이는 선택이 아니라 필수이다.

북부 유럽 국가인 스웨덴, 노르웨이, 핀란드, 덴마크, 독일 등은 복지제도가 아주 잘 되어 있다. 이는 소득분배가 공평하게 되어 있다는 의미이다. 한마디로 민주적 사회주의 국가들이다.

우리나라의 의료제도는 북유럽은 물론이고 세계에서 가장 잘 된 나라로 어느 나라 못지않다. 굳이 북유럽을 부러워할 만한 것은 없는 듯하다. 오히려 그들이 우리한테 이제는 배워야 할 듯하다.

이러한 의료제도는 김대중 정권과 노무현정권 시절을 거치며 김근태 복지부장관에 이르러 현재의 형태로 확립되었다. 바로 이러한 선진적 의료제도가 이번 '코로나19' 방역체제에 커다란 역할을 하였다.

그리고 김대중 정권 때 IMF를 정면 돌파하면서 동시에 IT강국 으로 가는 길을 닦았다. 또한 남북정상회담과 「개성공단」 건설은 건국 후 남북이 평화롭게 지낸 가장 행복한 시대였다. 그러나 요 즘 전 국민이 불편하다. 행복지수는 땅에 떨어졌고, 휴머니즘은 온데간데없이 싸늘하다. 가진 자와 못 가진 자의 구별이 뚜렷하다. 돈에 의한 새로운 지배체제가 형성되었다.

인류의 지배체제는 원시적 사회가 노예사회(석기시대)로 진행되 면서 발생하였다. 주된 계기는 청동기가 사용되면서 시작된다. 그 리고 철기시대부터는 본격적인 봉건왕조가 자리 잡게 되었다. 이 는 무기의 발달에서 기인한다. 곧 지배구조가 형성된 것이다.

우리가 살아가고 있는 현대 자본주의는 1688년 영국의 명예혁 명부터 시작되었다. 프랑스에서는 1789년 대혁명 이후부터 자본 가가 봉건왕조를 무너뜨리며 시작되었다. 그리고 스페인, 영국, 독 일, 미국 등이 순차적으로 세계를 제패하였다. 우리나라는 일본에 게 병합당한 시점, 즉 1910년경부터 지금의 자본주의를 맞았다고 봐야 한다. 물론 학자에 따라서는 조선 말기에 이미 아시아적 자 본주의가 우리나라에도 존재했었다고 주장한다.

과거 옛날 분명 '원시사회'보다 '노예사회'가 한 차원 높은 사회 는 아니었다. 그러나 노예사회부터는 혈통주의와 종교가 합세하여 혈통이 좋지 못하면 평생을 노예로 살아야 했다. 이에 노예들이 반기를 들면서 봉건사회가 형성된다. 하지만 봉건사회 역시 혈통 이 우선시되었다.

그리하여 이를 부정하고 발생한 사회가 지금 우리가 살고 있는 자본주의사회이다. 분명 봉건주의사회보다는 한 차원 높은 사회임에도 우리는 신나지 않다. 이는 돈이 행복을 가져오게 한다는 자본주의에 대한 맹신 때문이다.

그러나 이제 자본주의는 공유 자본주의로 진행 중이다. 다시 말해 '코로나19'에 의해서 대기업 중심 또는 자본가 중심의 자본주의가 공동이 함께하는 자본주의로 진행 중에 있다는 이야기이다. 이건 『엔트로피』(entropy) 저자인 미국의 경제학자 제레미 리프킨(Jeremy Rifkin, 1945~현재)이 이미 예견한 바 있다. 이 말은 곧 생산적 복지국가로 전환 중에 있다는 의미이다. 사실상 사회주의 정책의 일환이지만 일반적으로 우리나라는 생산적 복지라고 일컫고 있다. 다시 말하면 자본주의 국가들이 이제 자본주의를 고집하지 않고 복지사회를 위해서 소득분배 사회로 나가겠다는 선언이기도 하다. 때문에 우리나라의 부동산 정책은 재검토되어야 한다.

신나는 대통령을 만들자!

현재 거론되고 있는 차기 대통령 후보 중에서 동학혁명과 광주학생의거, 그리고 5.18민주항쟁을 이어갈 사람을 선택하는 것은 우리 호남의 숙제이다. 과연 누구일까? 필자는 오래전부터 고민하였다. 우리 호남은 DJ를 계승할 사람을 선택해야 한다. 설사 낙선한다고 해도 진보적 성향이 강한 우리 호남은 윤리·도덕·정의에 투표해야 한다.

문재인은 호남을 배반하고 있는 중이다. 그래서 필자는 보수적 색채가 있거나 전두환 독재정권에 협력한 이낙연 같은 경우는 일차적으로 배제한다. 특히 20대 총선 당시 전두환의 하수인이었던 김종인 영입은 문재인이 광주와 호남을 무시한 처사였다. 그래서 필자는 문재인 대통령을 믿지 않는다.

그렇다고 호남에서 「미래통합당」 후보를 지지할 수는 없다. 눈만 뜨면 북한군 600명이 광주에 침투하여 5.18 항쟁을 일으켰다는 극우 「미래통합당」을 지지한다는 건 생각해 볼 가치도 없다. 바로 이러한 호남의 반발을 이용해 친문과 노짱 세력이 호남을 유린하고 있는 것이다.

그렇다고 문재인이 선택한 사람을 또다시 선택할 수는 없다. 문재인은 첫 국무총리로 이낙연을 내세웠다. 이는 호남에 대한 배반이자 모독이었다. 한 번 배반한 사람은 또 배반하게 되어 있다. 그런 사람이 점찍어준 사람을 대한민국 대통령으로 옹립한다는 건 5.18의 숭고한 정신을 져버리는 행위라고 말할 수 없다.

몇 해 전 「중앙일보」에서 조사한 여론을 보면 청년층일수록 윤리·도덕·정의 등이 더 진보적이라고 한다. 전 세계가 노인들 때문에 문제가 발생하고 있는 것이다. 영국이나 일본이 극우가 되는 것도 노인 때문이라고 한다. 우리나라 역시 노인들 때문에 청년들을 망쪼들게 하고 있다.

박원순 서울시장은 구의역 사고가 발생한 즉각 사과하고 이후 서울 지하철 1~9호선 스크린도어 센서를 2018년까지 전면 교체하였다. 또한 아울러 정무수석과 정책특보를 교체하고 미디어 담당 비서직을 부활시키는 등 핵심 비서진을 대폭 개편한 바 있다.

바로 국민을 지키는 대통령은 이런 가벼운 사안에서도 쉽게 보지 않고 발 빠르게 대처하는 것이 지도자의 자세이다.

여러 사람들이 차기 대권 후보로 거론되고 있지만 그래도 5.18 정신과 DJ를 계승할 이데올로기를 지닌 사람은 박원순밖에 없어 보인다. 그의 정책이 사회적 약자 편에 있다는 사실들이 시장 재직중에 확인되고 있기 때문이다.

아직은 그렇다. 그러나 박원순이 아니라 하더라도 우리 호남은 우리가 지켜야 한다. 지역패권주의 나라에서 윤리·도덕·정의에 투표하지 않으면 호남은 없다.

박원순에게 윤리·도덕·정의, 그리고 복지는 선택이 아니라 필수라는 기대를 걸고 싶다. 본인의 이러한 기대가 무너지지 않기를 바란다!

5.18 당시 광주

죄와 벌

박원순과 이재명

경기도는 인구 1000만이 넘는 큰 도(道)이고, 서울은 1000만 명이 되는 특별시이다. 여기서 이재명 도지사와 박원순을 살펴보자. 이재명 도지사는 갑자기 튀어 오르는 성질이다. 하지만 박원순 서울시장은 말을 부드럽게 잘하는 정치인이다. 또한 이재명 도시자와는 달리 튀는 성격이 아니라 시민들 생활과 관련한 '소프트한 업적'을 많이 쌓아놓는 사람이다.

대표적인 것만 봐도 '사람 위주의 보행 거리 조성'과 '찾아가는 주민센터' · '주민 참여예산' · '마을공동체 활성화' · '서울역 고가공원조성' 등 박원순 시장의 행정은 한마디로 '사람 중심의 행정'임을 알 수 있다. 과거 앞만 보고 달리던 건설 중심의 패러다임에서 벗어나 '사람 냄새나는 사회' · '삶'의 의미를 느끼게 하는 그런 시정을 펼치고 있다.

박원순 시장 스스로도 "화려한 건물 하나 짓는 것보다 사람 위주의 패러다임을 구현하는 행정을 펼치겠다"고 다짐한 바 있다. 다시 말하면 그는 휴머니스트다. 철학적 지혜가 충만한 사람으로 보인다.

우리 대한민국은 1945년 미군정이 들어서면서 정의(正義)와 불의(不義)를 뒤바꾸어 놓아버렸다. 초대 대통령 이승만은 친일파 집단인 한민당의 도움으로 당선되었다. 첫 단추부터가 잘못 끼게 된 것이다. 그리고 4.19혁명으로 이승만이 물러나고 제대로 된 민주주의가 될까 싶었으나 1년 만에 역시 친일파 박정희가 군사쿠데타로 무려 18년간을 장악하였다.

일제에게 살해당한 위안부와 4.19혁명

일제 36년, 이승만 12년, 박정희 18년, 전두환과 노태우 15년, 1910년부터 약 100여 년 동안 우리는 친일파와 일제부역자들이 대한민국을 장악하고 있었다. 그리고 그들은 막대한 권력과 부(副)를 형성하며 현재 대한민국의 1%를 형성하고 있다.

반면 이에 항거한 독립투사나 6.25 참전 용사, 그리고 민주화운동가들은 지금 이 순간도 어떤 존경도 받지 못하고 살고 있다. 독립투사가 없이 어떻게 대한민국이 존재했겠으며, 6.25 참전용사 없이 대한민국이 지켜졌겠는가, 또한 민주화운동가 없이 오늘날의 자유를 생각이나 할 수 있었겠는가?

노무현 정권 시절 친일파 '재산환수법'을 국회에서 법률로 제정하려는 시도가 있었다. 당시 우리 국민들은 보았다. 이 땅에 얼마나 많은 사람들이 일제 부역자이자, 현재 대한민국을 잡고 흔들고 있는 자들인지를 확인하였다. 결국 그 법률안은 통과되지 못하였지만 언론·정치인·재벌 등이 격렬하게 반대했던 걸 볼 때 그들이 얼마나 견고하게 뭉쳐져 있는지를 알 수 있었다. 아마 지금도 그런 법률안을 상정하면 단식을 하는 정치인을 비롯해서 나라가 난장판이 될 것이다. 참으로 안타까운 나라이다.

일본군 장교 박정희와 쿠데타 주동자 박정희

그런데도 일제 강점기 시대 친일부역자들이 정치가·법관·검사 등으로 자리를 이어 갔고, 독재시절 바로 이자들이 대한민국을 유린하는데 중심이 되어 있었다. 지금도 권력기관의 상위 1%는 이런 자들의 후손들이 꿰차고 있고, 정경유착으로 부정과 부패가 끊이지 않고 있다. 그야말로 친일파공화국이다.

대한민국 어디에나 이 1%는 존재한다. 나의 고장 익산도 마찬가지이다. 그렇지 않은 사람도 바로 여기에 빌붙어 사는 기생충과 같은 존재들이다. 그 기생충이 되기 위해서 사법고시를 보고, 행정고시를 보고, 외무고시를 보고 국정원 시험을 본다.

그래서 차기 대통령은 반드시 이를 척결할 인물로 바꾸어야 한다. 현재 거론되는 대권 후보 중에서 여기에 가장 근접한 인물이 박원순이라고 필자는 보고 있다. 친일파에 대한 역사청산 없이 바른 정치란 불가능하다. 갈수록 늘어나는 실버세대들 때문에 정치가나 선출직 시장군수들은 친일잔재 노땅들이 당선될 확률이 더욱 높아졌다.

20대 총선 당시 「더민주당」이 5.18 학살 주범 전두환의 하수인 김종인을 당대표로 영입한 사례를 보더라도 문재인이 얼마나 친일(親日) 세력 쪽으로 기울어져 갔는지를 확연하게 확인할 수 있다. 지금 친노들은 문재인을 밀고 있으나 이는 역사의 수레바퀴를 잘못 굴러가게 하고 있는 것이다.

운동권이라고 해서 모두 정의로운 것은 아니다. 정치 맛을 안 나쁜 운동권과 정치와는 별개로 박원순처럼 학생운동과 재야운동부터 차근차근 올라오는 사람도 있다. 이 방법이 정치로 가는 정석이다. 안철수의 지지도를 담판으로 빼앗아 올 정도의 정치기술이면 박원순도 만만치 않은 인물이다.

물론 필자는 「정의당」도 「더민주당」도 「미래통합당」도 지지하지 않는다. 그냥 사람만 지지하는 입장에 서 있다. 안철수의 제3정당 시도는 갈수록 실패를 볼 거라고 판단한다. 전 세계에서 양당지도 체제가 아닌 나라는 독일밖에 없다.

독일은 헌법에 어느 정당이든 과반수를 넘지 못하게 헌법에 정해져 있다. 군사독재를 막기 위해서 이런 헌법이 생긴 것이다. 따라서 항상 「사민당」, 「기사당」, 「기민당」이 세 다리로 서서 연정을 하게끔 되어 있다. 그 외의 나라는 모두 양당제도로 흡수되어 버렸다.

안철수는 의사 출신이다. 철학자도 아니다. 때문에 정치라는 종합 예술을 제대로 이끌고 갈 만한 인물은 아니다. 다만 존재하는 모든 것에는 양면성이 있다는 변증법적 존재를 의학적으로 천착하여 컴퓨터 백신을 개발해서 성공한 사람일 뿐이다. 물론 왔던 길이나 그가 가는 길에도 승리와 실패가 동시에 존재한다.

정치에서도 꼭 같다. 어느 때는 치료약보다도 독약만 먹을 수도 있고, 어느 때는 동시에 먹을 수도 있다. 또 운이 좋거나 제대로 과학적인 정치를 한다면 아마도 치료제만 먹게 될 것이다.

이러한 상황은 이재명도 박원순도 똑같이 벌어질 수 있다. 다만 누가 더 철학적이며 과학적 방법으로 국민들의 눈높이에서 일할 수 있느냐이다.

그런데 문제는 여론조사의 신빙성이다. 여론조사 때문에 어떤 이에는 독이 되기도 하고, 어떤 이에게는 특효약이 되기도 한다. 물론 모든 걸 여론조사 핑계만 해서도 안 되겠지만 지금은 여론 조사의 폐단이 더 크기 때문에 박원순도 이제 어느 정도 쇼맨십 을 갖추어야 된다고 생각한다. 물론 노력해야 한다. 그냥 넋 놓고 있으면 친일 부역세력이나 독재 부역세력에게 나라를 통째로 넘 겨주고 말 것이다.

노태우와 **전두환**

시민은 민주주의를 원한다

박원순과 이재명

민주주의란 20대 총선 당시처럼 문재인이 김종인을 데려와 대표 자리를 내주듯이 하는 게 아니다. 자기들끼리 주고받는 자리가 아니란 말이다. 따라서 문재인은 민주주의를 왜곡한 군사문화의 잔재임을 스스로 입증한 셈이다. 당연 당원들의 마음을 물어야 민주주의다.

그동안 문재인은 친노를 등에 업고 군사독재자들이 했던 강력한 방법으로 당을 운영해 오다가 김종인에게 물려주었으나 오히려 김종인에게 역공을 당한 바 있다. 김종인이 쉽게 물러설 인물이 아니다. 그런 자를 앞세워 5.18묘역에서 참배를 했다는 사실 자체가 이미 고스톱에서 말하듯 '자백'한 셈이다.

바로 그 김종인이 21대 총선에서는 「미래통합당」 대표를 했기 때문이다. 정의가 이렇게 뒤죽박죽되어야 한단 말인가?

서울시장이 출범시킨 대한민국 청년을 위한 범사회적 논의기구인 '대청마루'의 2030청년위원들이 「청년소환」이라는 이름으로 우리 사회의 오피니언 리더를 소환, 청년문제를 비롯해 현재 직면한 사회문제들에 대한 견해를 듣고 함께 고민하는 시간을 갖게 되는

데 거기에 이재명 도지사가 초청된 적이 있었다.

가자! 청춘들아!

가자! 청춘들아! '청년소환' 첫 번째 대상자인 이재명은 지난 2016년 6월 24일 홍대 옆「산울림극장」에서 열린 '7분 마이크, 너는 나다'에 현장 설문조사를 통해 선정됐다. 당시에는 성남시장이었다. 또한 그때 당시 서울시는 오는 24일 오후 7시부터 오후 9시까지 홍대 옆「산울림극장」에서 '7분 마이크, 너는 나다!'를 개최한다고 밝힌 바도 있었다.

'7분 마이크, 너는 나다'는 '대청마루' 2030위원들이 기획한 프로젝트로 평범한 7명의 청년들이 본인의 경험을 바탕으로 청년문제, 사회문제를 7분 동안 자유롭게 이야기하고 다른 청년들과 서로 공감하는 자리였다.

한편 이재명은 서울시 송파구 거여동에 위치한 특수전사령부(중장 장경석) 연병장에서 열린 부대이전 기념식에 참석, 축사에서 "평화는 튼튼한 안보가 바탕이 될 때 만들어질 수 있다"면서 "평화 없이는 민주주의를 실현시킬 수도 없다"고 강조했다.

이재명은 평화를 튼튼하게 하는 "강한 군대는 최첨단 무기만으로 만들어지지는 않는다"며, "국민들 속에서 신뢰가 두텁게 형성될 때 비로소 강한 군대가 완성 된다고 믿는다"고 말했다. 다시 말해 당시 사드 배치 문제를 우회적으로 비판한 것이다.

하지만 이재명은 틀렸다. 튼튼한 안보가 평화를 지켜주는 것이

아니라 민주주의가 튼튼한 안보를 만들어 내는 것이다. 이런 점에
서 그는 가진 자를 위한 기득권자임이 틀림 없다.

김종인과 박원순

박원순 서울시장은 말을 잘하는 정치인이다.

국회의원 출신이 아닌 시민단체 출신이지만 특히 브리핑이나
회견을 할 때면 어떻게 저렇게 자연스럽게 말을 잘하나 하는 생
각이 절로 든다. 평생 시민단체 활동을 하면서 공부해 온 내공이
그대로 드러난 것으로 보인다.

정치지도자에게 말은 생명과도 같다. 그만큼 박원순 서울시장은
지도자로서 갖춰야 할 기본 덕목을 갖춘 것으로 봐야 하겠다. 박
원순 서울시장은 2017년 7월 5일 오전 11시 시청 브리핑룸에서
민선 6기 취임 2주년 기자회견을 가졌다.

박원순 시장은 민선 5기 오세훈 전 시장이 무상급식 투표로 물
러난 이후 보궐선거로 들어와 벌써 6년이란 기간이 지난 시기였
다. 서울시장으로서 꽤 긴 기간을 보냈다.

박원순 시장은 이렇게 말했다.

과거의 서울시장들이 해놓은 '큼직한' 일보다는 시민들 생활과
관련한 '가벼운 일'을 많이 했다고 운을 뗐다. 대표적인 것으로
'사람 위주의 보행 거리 조성'과 '찾아가는 주민센터' '주민들이 참
여하는 예산과 마을공동체 활성화' 및 '서울역 고가 조성' 등등이
라고 말했다.

박원순 시장의 행정은 한마디로 '사람 중심의 행정'임을 알 수 있다. 과거 앞만 보고 달리던 효율성 중심의 패러다임에서 벗어나 '사람 냄새나는 사회와 사람 사는 사회'가 그것이다. 그래서 그는 청년 실업수당 문제도 중앙정부와 싸우면서 강력하게 밀어붙였던 모양이다.

박원순 서울시장은 앞에서도 언급했듯이 스스로도 "화려한 건물 하나 짓는 것보다 사람 위주의 패러다임을 구현하는 행정을 펼치겠다"고 본래부터 다짐했었다. 이날 박 시장은 기자들의 질문에 완벽하게 받아넘기는 원숙미도 보였다.

"5년여 기간 시장을 하다 보니 자만심에 빠진 것 아니냐?"는 질문엔 "그런 면이 없지 않았다. 더욱 반성하겠다"며 겸손함을 보였다.

또 "시장 임기가 내년이냐? 내후년이냐?"는 대권 행보 질문에는 "서울시장을 잘하고 있다는 평가로 받아들이겠다"며 원숙하게 피해 가는 언론 테크닉도 보였다.

이런 모습이 각종 언론에 비친 모습이다. 서울시장 취임 이후 외자유치와 압구정 재건축 층고 제한, 경부고속도로와 지상으로 나온 지하철 지하화 등 실무적인 문제에 대해서도 구체적인 이유와 숫자를 들면서 답변하는 능수능란함을 보여 주었다. 이날 박원순 서울시장은 '한 점 빈틈없는 기자회견'을 했다.

박원순 서울시장의 완벽한 기자회견은 오히려 주변에 긴장감을 주었다는 전언이다. 당시 참석한 기자에 의하면 오히려 긴장한 것은 기자들이었다고 한다. 무식하고 멍청한 질문이 안 되려고 노력하는 기자들이 되도록 기자들의 질문도 더욱 완벽해져야 함을 느꼈다.

박원순 시장은 2016년 5월 13일 광주를 찾아 "뒤로 숨지 않겠다. 역사의 대열에 앞장서서 역사의 부름 앞에 부끄럽지 않도록 행동하겠다."며 대선 출마 가능성을 시사했다. 그리고 12월 17일에도 무등산에 올라 대선 도전의지를 보였다.

박원순 시장은 당시 "과거부터 5.18광주정신과 늘 연결돼 살아왔다고 생각하고 앞으로도 그렇게 할 생각이다"라는 발언을 해 야권 차기 대선 주자로 나서기 위한 초석으로 '광주 민심 잡기'에 나선 것 아니냐는 해석이 나왔다.

또한 박원순 서울시장이 싱가포르에서 열리는 세계도시정상회의 참석 중 "인권은 김대중(DJ) 전(前) 대통령, 리더십은 리콴유(李光耀) 전 총리를 닮았다"고 스스로 자신을 평가하였다고 한다. 싱가포르 현지인들로부터 국부(國父)로 존경받는 리콴유 전 총리의 리더십을 치켜세워 호감을 끌어내는 센스가 돋보인다.

박원순의 다문화 정책과 저소득층 정책

박원순 서울시장은 "한국은 싱가포르의 다문화 정책을 배워야 한다"고 강조했다. 그는 외국인 이민자들이 우리 사회에서 좀 더 큰 역할을 할 수 있는 방법을 찾는 데 노력할 것임을 시사했다.

박원순 서울시장은 이러한 다문화 정책이 싱가포르의 국제화를 성공적으로 이끌었을 뿐만 아니라 싱가포르 국민이 해외에 활발히 진출하게 하는 원동력이 되었다고 말했다.

박원순 서울시장이 중점을 둔 시업 중에 저소득층을 위한 주거 사업도 빠질 수 없는 대목이다.

"주거권은 인권이다!"라고 "대책 없는 강제철거를 막겠다"고 했 던 '박원순 표 도시재생사업'은 오히려 '도시재생사업지원센터'를 통하여 개발지역 주민들 간 계층 간 갈등을 조장하는 역설이 벌 어지고 있다.

하지만 박원순 서울시장은 오히려 차분하게 대처하고 있다.

박원순 서울시장의 핵심 주거사업을 언론에 비쳐진 대로 살펴 보겠다. 그의 핵심 주거사업 중 하나인 민관협력형 사회주택 활성 화 방안을 서울시가 마련했다. 토지임대부 사회주택의 토지 임대 료를 낮추고, 지역별로 토지 매입가격을 탄력 적용해 공급을 늘린 다는 복안이다.

여기서 토지임대부 사회주택이란 건물만 입주자에게 분양하고, 토지를 일정 기간 빌려 주는 주택을 말한다. 반값아파트라는 별칭 을 가지고 있다. 건물은 계약일로부터 5년이 지난 뒤 자유롭게 사 고팔 수 있으나, 대신 입주자는 빌려 쓰는 토지에는 따로 임대료 를 내야 한다.

용산 화상경마장 반대 투쟁에 대해

또 하나 용산 화상경마장 반대 투쟁이 900일을 넘어가고 있을 때 박원순 서울시장이 영상 메시지를 통해 주민들을 격려했다. 박시장은 "우리가 다 같이 힘을 합치면 희망을 만들 수 있지 않을까요?"라고 말면서 '용산 화상경마도박장 추방대책위' 활동에 연대 의사를 분명히 했다.

그리고 본인이 "명색이 서울특별시장인데 용산 경마장 하나 못 막아낸다는 것에 대해서 너무 자책감도 듭니다. 우리의 분노가 강물처럼 흘러서 이 세상이 몽땅 바뀌는 날이 한 번 올 거라고 믿습니다. 힘드시겠지만 끝까지 파이팅합시다. 감사합니다"라고 말했다. 역시 시민운동가답다.

박원순 서울시장은 사드 배치로 한반도 안보환경이 더 악화될 가능성이 크다고 우려하며 반대 입장을 밝혔다. 이는 이재명보다도 한 발 더 나아 간 것으로 사드 배치가 잘못되었음을 강력하게 시사하고 있다고 보아야 한다.

5.18 당시 광주

국가권력과 시민

종북 좌파란 무엇인가?

국정원에서 박원순 시장을 종북좌파라고 낙인찍었다고 한다.
여기서 우리는 종북(從北)이란 말과 좌파(左派)란 말을 짚어볼 필
요가 있다. 종북이란 "북한 김일성의 주체사상과 같은 북한의 체
제를 흠모하고 그에 따르거나 또는 그러한 태도를 말한다"라고
사전에 나와 있다. 그렇다면 박원순이 지금 김정은처럼 핵폭탄을
만들고, 사람들을 굶겨죽이고 김일성 숭배사상을 따른다는 이야기
인가?

과거 노무현을 따르던, 그리고 지금도 따르고 있는 친노 세력
중 주체사상파가 있었던 것은 사실이다. 「통합진보당」 역시 이런
세력이 있었다는 건 인정한다. 소위 '건국대 사건'의 주모자들이
여기에 해당한다. 그러나 지금은 거의 사멸된 상태이다. 때문에
박원순한테 종북주의자라고 하는 것은 구시대적, 다시 말해 박정
희식으로 만들어 낸 독재적 발상이다.

그리고 좌파란 말은 요즘엔 진보(進步)라는 말로 바꾸어 부른다.
그 이유는 이승만과 박정희가 진보를 좌파라고 하면서 빨갱이란
누명을 씌워 100만여 명을 학살했기 때문이다.

원래 좌파란 말은 18세기에서 19세기까지 거슬러 올라가야 한다. 프랑스 혁명기 독일의 G.W.F. 헤겔이 죽은 후 헤겔학파는 양분되었다. 그건 하나님(God)이 있다는 쪽과 없다는 쪽으로 논쟁이 나눠지게 되었다. 이때 우연하게 오른쪽에 앉은 사람들은 신이 존재한다고 주장했고, 왼쪽에 앉은 사람들은 신이 없다는 주장을 하였다.

이때부터 좌측에 앉은 사람을 좌파, 우측에 앉은 사람은 우파가 되었다. 언어상으로 보면 오른 쪽이 주로 정의를 의미하기 때문에 진보는 우파가 되어야 하는데 그냥 이처럼 자연스럽게 나오게 된 것이다. 따라서 우파와 좌파는 옳고 그름을 의미하지는 않는다.

박원순은 실패한 사람인가, 성공한 사람인가?

이 말을 필자에게도 물어보았다.

과연 필자 황세연은 인생에서 실패한 사람일까? 성공한 사람일까? 탄핵단장 이춘석은 성공한 사람일까? 내 고향의 정헌율 익산시장은 성공한 사람인가? 또 검사 출신 조배숙은 성공한 사람일까? 이순신 장군은 성공한 장군일까? 김구는 실패한 사람인가?

그런데 왜 역사에는 수많은 사람들이 장원급제해서 성공했을 텐데 몇 명만 기록하고, 오히려 실패한 전봉준 장군과 망이나 망소이를 기록할까? 그리고 우리는 왜 실패한 김구 선생을 기록할까? 왜 일본에서는 아직도 안중근 의사가 테러분자로 역사책에 기록될까? 아, 「영웅」이란 제호로 안중근 의사에 대한 영화가 만들어 진다고 한다. 일본 제품 불매운동이 상시화 되어 있는 이때 시의적절한 영화라고 생각한다.

다시 본론으로 돌아와 미국의 버니 샌더스(Bernie Sanders, 1941~현재)는 대권을 포기했으니 실패한 정치인인가? 트럼프는 성공한 정치인인가? 정약용(丁若鏞, 1762~1836)은 실패한 인생이고, 실패한 정치인일까? 자라나는 아이들이 질문을 해와도 대답하기 어려운 게 한둘이 아니다. 그러나 우리는 성공의 기준을 어디에 맞춰야 하는가를 먼저 생각해야 한다.

필자는 개인적으로 실패했다고 생각해 본 적이 없다. 필자는 필자의 인생에 수많은 고통과 고난이 따랐지만 후회하진 않는다. 어찌 생각하면 지극히 낙천적이고 다이내믹한 사람이다. 사업적으로도 성공했다고 본다.

필자가 발행하는 도서에 '발행인' 황세연이 찍혀 나가는 것만큼 명예로운 일이 있을까? TV나 자동차, 비행기에도 제작자가 표시되지는 않는다. 다만 '도서'에만 '발행인'이 표기된다. 그리고 철학책으로 100만 여부가 팔린 도서는 없다. 바로 『변증법이란 무엇인가?』란 책이다. 필자는 이를 영광으로 생각한다.

필자는 정치적으로도 성공했다고 생각한다. 민주화를 이룩하는 데 앞장서서 이를 성공하였다. 꼭 뭔가 당선만이 능사가 아니다. 앞으로도 기회는 얼마든지 있다고 생각한다.

미국의 샌더스는 한국의 나이로 78세에 대권에 도전했다. 그는 지금도 앞으로도 성공한 정치인으로 남을 것이다.

박정희의 망령 국정원

이야기가 딴 곳으로 흘렀다.

박원순 이야기를 계속하겠다.

한때 서울특별시의 화제가 박원순에게 집중된 적이 있다. 곧 전 국정원 직원들의 '양심선언'으로 박원순 공작이란 게 현실로 드러났기 때문이다.

"박원순은 종북 좌파의 거두(巨頭)다. 철저히 흠집 내라. 돈은 얼마가 들어도 좋다. 지쳐 나가떨어질 때까지 멈추지 마라!"

이 같은 지시에 처음엔 국정원 안에서도 어리둥절했다고 한다.

국정원은 전혀 사실 무근 주장

기사 하나를 보자. 「뉴스1」의 윤태형 기자와 정재민 기자의 기사를 보면 국가정보원은 이른바 '박원순 제압' 문건 논란과 관련하여 "최근 「시사IN」과 「한겨레신문」에서 '박원순 시장 관련 문건은 국정원이 작성한 것'이라고 보도한 내용은 전혀 사실무근"이라고 밝혔다고 보도했다.

「뉴스1」은 국정원의 보도자료를 인용했다고 하면서 "검찰에서는 2013년 10월 4일 '박원순 서울시장 관련 문건을 다른 국정원 문건과 비교하여 문서감정을 실시한 결과, 동일하지 않은 것으로 분석됐다'는 등의 이유로 불기소 처분한 바 있다"면서 이같이 보도

했다. 그러나 박원순 죽이기가 실체로 드러났다.

청년수당은 당연한 것이다

지금까지도 박원순 서울시장이 자주 거론되는 것은 "청년수당"
이다. 2018년 당시 「새누리당」 지상욱 대변인은 박원순 서울시장
의 청년수당 지급 강행과 관련하여 성명을 발표하였다. "우리 사
회의 도덕적 해이를 조장하는 위험한 발상이며 도발"이라고 말했
는데 이건 말이 아니라 거의 북한 김정은을 대하듯 하는 욕에 해
당한다.

거기다 박원순 서울시장이 성과도 불투명할뿐더러 위법으로 판
결이 날 수 있는 사업을 강행한 것은 "내년 대선 출마를 겨냥한
민중선동으로 볼 수밖에 없다는 것이다. 차라리 청년수당을 대선
공약으로 내걸고 유권자의 심판을 받아보는 것이 대권을 꿈꾸는
사람의 올바른 자세다."라고 하면서 비난하였다. 정치인이 정치를
하면서 자기가 하고 싶은 df을 하는 것까지도 비난의 대상이 되는
것이 새누리당식 상식인 것 같다.

복지는 선택이 아니라 필수

세월호사건, 사드사건 등 그 잘못이 너무 많아서 여기에 나열할
수가 없다. 그런데 오래 사는 것을 행복지수가 받쳐주지 않으면
오히려 고통이 된다.

북부 유럽 국가인 스웨덴, 노르웨이, 핀란드, 덴마크, 독일 등은 복지제도가 아주 잘 되어 있다. 이는 소득분배가 공평하게 되어 있다는 의미이다. 윤리와 도덕, 정의가 살아 있다는 의미이다. 부정부패가 없는 한마디로 민주적 사회주의 국가들이다. 미국의 민주당 대통령 후보였던 버니 샌더스도 이런 복지국가를 공약으로 내걸었었다. 또한 우리나라의 의료제도는 북유럽 못지않다.

21대 총선 후 총선에 패배한 「미래통합당」이 보여준 태도는 전 국들로부터 더욱 멀어지게 만들었다. '코로나19'에 따른 전 국민 재난지원금을 가지고 발목을 잡았던 사실을 우리 국민은 잊지 말아야 할 것이다.

5.18 당시 광주

박원순은 아웃사이더가 어울린다

박원순은 링 밖에서 서울시장에 오른 인물

벌써 대표 레이스가 불타오르고 있다. 이낙연, 김부겸, 이재명 등이 대권에 거론되면서 박원순 서울시장에게도 시선이 모아지고 있다. '친문'(親文)의 완승으로 끝날 「더민주당」 전당대회라서 어찌 보면 "뻔한 결과의 경선에 나갈 필요가 없다"는 말이 나올 수도 있다. 그러나 방법이란 게 「더민주당」 안에서만 하는 게 아니다. 누구나 언제든지 링 밖에서건 링 안에서건 싸울 수 있는 여건은 충분하다.

박원순은 「더민주당」의 고(故) 김근태 전 의원과 가까운 「민주평화국민연대」 그룹 등과 꾸준히 접촉하고 있다. 또한 SNS친구가 200만 명을 돌파하였다고 한다. 이를 기념하기 위해 시민과 만나는 행사를 추진하였다. 박원순은 당시 본인 트위터에 "그동안 숨은 곳에서 제 글을 공유해 주시고 격려해 주신 친구들이 보고 싶습니다"라고 글을 남겼다.

2016년 9월 10일에는 전국 시민운동가 조직인 「희망새물결」이 창립식을 하였다.

이제 2022년 박원순의 결단과 국민들의 호응만 남아 있다. 김대중 정신을 계승하고 김근태 정신을 계승한다면 친 문재인 파든, 안철수 파든 언제 어떻게 메뚜기가 지나가는 벌판처럼, 강풍에 풀 잎이 눕듯이 모두 눕혀지는 날이 있을 것이다.

문재인이나 안철수는 집권당의 압박을 받은 바가 없는 사람들이다. 그러나 박원순과 이재명은 집권당의 탄압 아래에서도 꿋꿋하게 버텨온 인물이다. 그간 국정원의 감시와 탄압, 정부와 끈질긴 싸움, 관변단체의 수없는 고발과 고소, 그리고 관변단체들의 집회 및 시위에도 조금도 흔들림 없었던 인물이다. 그때마다 박원순은 누르면 누를수록 튀어 올랐다.

서울시에 대한 행정사업도 묵묵히 꾸준하게 많은 공격을 피하면서 어느 때는 약하게 이느 때는 강하게 밀어붙이고 있다. 서울시 4대권역 개발계획도 차질 없이 진행하고 있다.

박원순 시장은 과거에 전당대회 결과에 대해 트위터를 통해 "길을 찾고 답을 알았으니 시대 교체, 미래 교체의 길로 국민과 더불어 함께 일로매진(一路邁進)했으면 합니다"라고 썼다. 이 글은 대선에 뛰어들지 않겠다는 내용이 담긴 것이 아니라 다른 방법을 모색하겠다는 의미가 담긴 내용이다. 그리고 현재도 유효한 내용이다. 링 밖에서 서울시장에 오른 인물이 링 밖에서 대권을 잡지 못한다고 볼 수가 있겠는가?

왜 박원순인가?

지금까지 세계사는 항상 왕권과 민중(people)과의 대립이었다.

국가는 항상 민중을, 곧 국가를 위한 노예로 이용하였다. 그러나 프랑스혁명 전후로 등장한 자본가들은 왕권을 무너뜨리고 시민민주주의를 완성하였다.

하지만 오늘날의 국가는 바로 경제적 힘을 가진 소위 대재벌들이 자신들의 경제세력을 키우기 위해서 국가를 만들었다. 국가와 경제세력은 협력관계이면서 대립관계였다. 국가의 권력과 경제세력이 충돌하게 되면 국가는 무너지고 경제세력은 새로운 국가를 설립하게 된다.

이와 같은 사실은 일본이 무너지자 친일파였던 경제세력이 대한민국을 건립한 것과 같은 맥락으로 해석할 수 있다. 때문에 우리나라 재산의 99%를 친일파가 쥐고 있는 것은 어쩌면 당연한 것인지도 모른다. 경제권력과 국가권력은 전혀 다르다.

박정희나 전두환, 필리핀의 마르코스, 후세인 등은 국가권력이 경제세력을 쥐락펴락했기 때문에 백그라운드에서 미국을 움직이는 경제관계 세력으로부터 눈 밖에 나 있었다. 많은 경제학자들은 국가권력보다도 경제세력이 더 힘이 있다는 것을 200여 년 동안 입증하여 왔다.

그렇다면 경제세력을 이길 수 있는 세력은 없는 것일까?

여기서 경제세력과 싸울 힘이 있는 세력이 유일하게 노동운동세력이다. 바로 경제적으로 돈을 벌게 해주는 노동세력만이 그들의 발목을 잡고 끌어내릴 수 있다. 그래서 국가는 자본가를 돕기 위하여 노동운동을 사정없이 탄압한다.

때문에 차기 대통령은 경제세력을 쥐지 못하면 대통령 자리에서 내려와야 할 것이다. 그렇다면 노동운동과 재야세력, 민중(people) 운동세력 등에 대하여 누가 가까운가를 유권자들은 생각하지 않을 수 없다. 노동운동세력과 재야운동세력을 핸들링하며 더불어 갈 수 있는 사람은 박원순뿐이다.

박원순 죽이기 세력을 밀어내자

현재 국가권력과 경제 권력이 손을 맞잡고 박원순 서울시장이 대통령으로 가는 길을 제일 먼저 막기 시작하고 있는 것은 삼척동자도 알고 있다.

하지만 우리는 노력하여야 한다.

지금까지 박원순은 서울광장을 노동자와 민중들이 사용할 수 있도록 개방하였으며 민중이 눈물 흘리는 곳에는 항상 그가 있었다. 바로 이런 점 때문에 필자는 박원순 서울시장이 대통령이 되든, 되지 못하든 박원순을 계속해서 지켜볼 예정이다.

박원순은 민중을 대변할 인물이라고 아직까지는 그렇게 보고 있다. 대한민국 국민들이여, 이제 다시 일어나 새 역사를 만들어내자!

제2부 세상 바로보기

"가장 중요한 것은 불평등 구조를 타파하는 것이다. 재벌 중심 체제를 종식시키고, 중소기업·소상공인·자영업자·노동자가 함께 잘 사는 경제 생태계를 만드는 것이다."—.박원순

박원순이 대통령이 되어야 하는 이유

1981년 성동구치소 이야기

1980년 12월 30일 '광주육군보통군법회의'에서 징역 3년에 자격정지 3년을 선고받고 광주교도소로 이감되어 있을 때였다. 그런데 갑자기 전두환이 계엄령을 해제하고 대통령에 출마한다는 소식이 들려왔다. 그리고 나는 1981년 무척 추웠던 1월 어느 날 포승줄에 묶여 서울로 이감되었다.

그때만 해도 교도소 자동차 안이 따듯하지 않아 무척 추웠던 것으로 기억한다. 후에 알게 된 일이지만 계엄령이 해제되면서 항소심이 군 재판에서 민간재판소인 서울고등법원으로 이관되어 서울로 재판을 받기 위해 수형자들을 옮겼던 것이다. 무슨 설명도 없이 개처럼 끌려다녀 본 적이 없는 사람들은 그 비참함을 모를 것이다.

그리고 도착한 곳이 서울 성동구치소이다. 그곳에는 광주처럼 정치범이 많지 않았기에 동지적 의식을 가진 동료들이 없어서 무척 힘든 시기이기도 하였다. 그러다 10여 일쯤 지나니 외국어대 학생이 한 명 들어왔고, 또 며칠이 지나니 인하대학교 학생 2명과 서울대학교 학생 2명이 들어왔다. 물론 나를 비롯하여 모두 독방이었다.

20여 일 쯤 지나자 노인 한 분이 반공법 위반으로 들어왔다. 아마도 중앙정보부에서 나처럼 고문을 받았는지 온몸이 멍이 들어 있었고, 옆방에 있는 나에게 연고가 있음 달라고 하였다. 하지만 나도 면회를 한 번도 못했기에 가진 게 없었다. 그리고 겨울이라 재래식 화장실을 통해 들어오는 바람은 그야말로 춥기가 그지없었다.

정치범이 7명이 있었고, 기타 흉악범이 몇 명 있어서 총 12명 정도 각 방에 1명씩 모두 독방에 있었다. 방 크기는 1평 정도 되었고 아침마다 따듯한 물을 밥그릇이나 주전자에 받아 하루를 사용해야 했었다. 그 물을 아껴서 머리도 감고, 어쩌다 팔다리를 씻을 수 있었다. 당시 우리가 가진 초미의 관심은 5.18 수괴인 김종배의 사형 집행 여부였다.

그런데 옆방에 들어 온 노인분이 자꾸 말을 걸어왔다. 물론 간수 모르게 작은 소리로 통방을 하는 거였다. 나도 궁금한 게 많아서 이야기를 하게 되었다. 2달에 걸쳐 이야기를 하게 되었는데 그분은 해방 전 만주에서 총을 들고 독립운동을 하던 독립군 출신이었다. 그리고 출소하게 되면 『조선무장독립운동사』란 일본어로 된 책이 있으니 꼭 읽어보라고 하였다. 물론 지금까지 알고 있는 독립운동이 전부가 아니라는 뜻이 포함되어 있는 말이었다.

그분은 일제하에서 국내에서 독립운동을 하다가 잡혀서 일본 경찰들에게 많은 고문을 받고 서대문형무소에서 1년간 징역을 살았다고 한다. 그리고 난 후 만주로 도망하여 독립운동을 하다가 해방 후 국내에 들어와 좌익으로 몰려 징역을 살았고, 박정희 독재시절 다시 반공법으로 징역을 몇 년을 살았는데 전두환 정권이 들어서자마자 또 다시 반공법으로 들어왔다고 했다.

그분은 말하자면 독립운동가였지만 정치가들의 입맛에 따라서 평생을 고생만 하고 사신 분이었다. 그때 그분이 한 말이 있었다. 일본 놈들도 한국 독재정권처럼 고문하지 않았고, 또한 징역도 많아야 2년 아니면 1년이었는데 박정희나 전두환은 말만 잘못해도 고문하고, 징역도 3년에서 사형까지 한다면서 일본 놈들보다 더 악질적이라고 했던 기억이 난다.

나쁜 놈은 나쁜 놈이다

이어서 한국 검사나 경찰, 정보기관의 수사관들은 물론이고 공무원들까지 다시 일제 강점기가 오면 친일파가 될 인간들이라고 여러 차례 말하였다. 그러면서 만약 조국이 민주화된다면 나 같은 젊은이가 꼭 성공해서 독재정권을 지지했던 공직자들을 용서해서는 안 된다고 당부했던 기억이 난다. 그런데 나는 독재정권시절 행정고시나 입법고시에 합격하여 꽃길을 걸어온 정헌율 시장과 김수흥 국회의원 당선자들이 있는 이곳 익산에 살고 있다.

그리고 내가 행여나 그들을 욕하면 지성인이라고 생각했던 익산시청 기자실의 기자들부터 나에게 충고한다. 지나간 과거의 일 가지고 이제야 말하면 뭘 하느냐? 이제 용서하고 함께 이런들 어떠리 저런들 어떠리 살아가는 것이 인생 아니냐고 오히려 말을

꺼낸 내가 또라이가 되고 만다. 하여간 그때 그분의 얼굴도 가물
거리고, 이름도 기억에 없지만 항상 가슴이 찡하다.

바로 이런 저런 일을 생각하면 보수인지 진보인지 알쏭달쏭한
이낙연이나 이재명, 또는 친문세력보다는 박원순 서울시장이 대통
령으로서 훨씬 훌륭하다고 본다. 바로 그에게는 민주화운동을 했
다는, 다시 말하여 군부독재정권에 맞섰다는 강점이 있기 때문이
다. 그래서 나는 겉은 부드러워 보이지만 내면은 철판보다도 강한
심장을 가진 박원순이 좋다.

5.18 당시 광주

새로운 대통령, 다시 고심하자!

탄핵정국 이후

박근혜가 탄핵이 되면서 2017년 12월 20일에 실시되는 19번째 대통령선거가 앞당겨져 실시되었다. 당시 19대 대통령 선거는 5월 9일이었다. 때문에 2022년 대통령선거는 3월 9일에 있고, 대통령 취임식은 5월 9일에 한다. 차기 대통령을 생각하면서 미국인의 희망이었던 진보주의자 버니 샌더스를 다시 생각해 본다!

19대 대통령 선거 전에는 연일 TV와 신문에서 대권후보에 대한 보도가 나오고 있었다. 그리고 각종 여론조사에서 문재인이 1위를 달린다고 떠들어대고 있었다. 그러나 당시 4월 19대 국회의원 총선에서나 미국 대통령 선거 여론조사를 살펴볼 때 여론조사는 그냥 조사일 뿐 조작이 가능한 하나의 소설일 뿐이었다.

요즘에도 매주 대권후보 여론조사 보도가 나오고 있다. 그리고 각종 여론조사에서 이낙연이 1위를 달린다고 떠들어대고 있다. 그러나 지난번 4월 21대 총선에서나 지난 미국 대통령 선거 여론조사를 살펴볼 때나 여론조사는 그냥 조사일 뿐 조작이 가능한 하나의 참고용일 뿐이다.

물론 문재인 대통령이 누구를 점찍어 주느냐에 따라서 차기 대통령 후보가 결정될 확률은 매우 높다. 그 후보가 이낙연이 될지, 아니면 박원순이 될지, 현재로선 알 수가 없지만 잘못하면 과거 「열린우리당」이 총선에서 이기고 대권후보 결정에서 청와대의 간섭으로 정동영이 대패하고, 대통령을 이명박이 가져갔던 기억을 타산지석(他山之石)으로 삼아야 할 것이다.

이낙연에 대하여

그렇다면 차기 대통령 후보로 반드시 이낙연이 정해진다는 보장은 없다. 따라서 우리 국민들은 여론조사에 현혹되지 말고 정말 훌륭한 대권 후보를 선택해서 투표해야 한다.

필자는 이명박 정권과 닭근혜 정권에서 가장 핍박받은 사람을 선택해야 된다고 본다. 왜냐하면 두 정권이 가장 싫어하는 사람을 괴롭혔을 것이고, 괴롭힌 이유는 사전에 싹을 자르기 위해서 이었을 것이다.

사실 이낙연 대권후보 예상자는 이명박이나 닭정권의 혜택을 가장 많이 보고 성장한 정치인이다. 특별히 탄압받은 경우가 한 번도 없었다. 오히려 뒷거래하기가 가장 쉬운 야당 도지사였을 것이다. 그건 지난 20대 총선에서 이명박과 닭근혜와 함께했던 김종인을 「더민주당」 대표로 영입한 것을 볼 때 친일파나 독재정권 하수인들에 대하여 특별 예우해 주었다고 볼 수 있는 대표적인 반역행위이다. 거기다 호남의 민심이 떠난 지 오래이다. 마지막으로 친노든, 친문이든 기성 정치인들이 둘러리 쳐 있는 정치인은 또다시 대한민국을 말아먹을 확률이 너무 높다.

박원순과 이재명에 대하여

마지막으로 박원순과 이재명이 있다.

두 사람 모두 이명박과 닭근혜 정권으로부터 가장 많은 탄압을 받은 인물들이다.

그리고 한때 미국인의 희망이었던 버니 샌더스를 기억해 내자! 미국 민주당 사람들은 트럼프를 이길 수 있었던 사람이 버니 샌더스였음을 이제는 알고 있을 것이다. 한국에도 버니 샌더스가 있다. 바로 박원순와 이새명이다.

박원순은 많은 보수단체로부터 수많은 고발을 당하면서도 서울시장을 당당하고 확실하게 소신껏 운영해 온 썩 괜찮은 후보이다. 거기다 호남에서의 지지도가 상승세에 있다는 점이다. 다만 현재 서울시장 자리를 조기 퇴진해야 한다는 결단 아닌 결단이 필요하고, 당내 기반이 없는 만큼 첫 서울시장 당선 때처럼 링 밖에서 싸워 이겨야 하는 어려움이 있으나 이 어려움을 극복하면 오히려 장점이 될 수도 있다.

이재명 역시 국민들의 막힌 부분을 확 뚫어주는 소신이 있는 정치인이다. 그러나 정치는 말싸움과 용기만 가지고 하는 것은 아니다. 어찌 보면 아직은 좌충우돌하는 경향을 보이고 있다. 오히려 박원순을 서포트하는 것이 가장 바람직한 방법으로 생각된다.

왜냐하면 그 똑똑하다고 소문난 김두관 전 경남지사를 생각하지 않을 수 없다. 경남에서 무소속으로 도지사에 당선된 인물이 이렇게 사라지는 것을 볼 때 박원순＋이재명이 함께 손을 잡아 이 번엔 박원순을 밀고 국무총리 자리에 앉아 있다가 국회의원으로 정치를 익힌 후에 자신의 보수성을 씻어내고 차기 대권에 도전한 다면 금상첨화가 되지 않을까 하는 것이 필자의 생각이다.

　하지만 언제부터인가 찾아드는 '박원순 죽이기'는 이재명을 띄 워주고 있다. 아마도 노무현 때처럼 적당하게 올려놓고, 이낙연과 함께 동반 탈락시키고 친문 중 한 명이 후보가 될 가능성이 매우 높다.

5.18 당시 광주

1981년 「전주교도소」에서 출소를 하고

전주교도소 출소

1981년 9월 18일경 나는 징역 1년에 자격정지 1년으로 감형되어 전주교도소에서 출소하게 되었다. 나는 출소와 동시에 '보호관찰대상자'였기 때문에 이리 경찰서 정보과 직원들이 나를 데리러 '전주교도소'까지 마중 아닌 마중을 나왔다. 물론 어머님을 비롯하여 동생들도 함께 전주교도소까지 오셨다.

나는 전주교도소에서 이리경찰서 형사들에게 인계되어 「이리경찰서」 정보과에서 여러 가지 서류를 작성해야 하였다. '보호관찰대상자'이기 때문에 주거이전의 자유가 없었다. 또한 '정치규제대상자'였기에 정치에 낄 수도 없었다. 그냥 「이리경찰서」에서 서류를 작성하고 어디를 갈 때는 꼭 신고를 해야 한다고 했고, 이를 어길 때는 '사회안전법위반'으로 다시 교도소에 수감되어야 하는 처지였다.

때문에 이리시내를 혹시라도 나가게 되면 정보과 형사가 따라붙었다. 누군가 밀대가 있었는지 귀신같이 알고 따라와서 어디를 가느냐고 묻고는 하였다. 그러니 알고 지냈던 지인이나 친인척들도 나를 멀리하기 시작하였다. 특히 이리시청 동료들도 나만 보면 피하였다. 정말 내가 무슨 이상한 빨갱이로 알려지기 시작하였다.

그러던 몇 달 후 서울 외삼촌한테서 연락이 왔다. 서울대학교 근처에는 너처럼 교도소 갔다 온 사람들이 많아서 감시가 느슨하다고 하시면서 서울로 올라오라고 하셨다. 그러나 정말 고향을 떠나기가 싫었다. 하지만 이리시민들이 나만 보면 도망가고 피하니 내가 피해주는 것이 낫겠다는 생각이 들었다. 즉 쫓겨난 셈이다.

그리하여 나는 서울로 이사를 가겠다는 '주거이전신청'을 이리경찰서에 제출하고 허락을 받았다. 그런데 재미있는 건 이리경찰서 형사들이 내가 이리를 떠난다고 하니 너무 좋아하면서 어서 서울로 가라고 등을 떠미는 식이었다. 그들도 나 한 명 감시하기가 쉽지 않았을 테고, 더 걱정되는 일은 내가 다시 반정부 데모라도 한다면 자신들도 무사하지 못하기 때문이었다.

그리고 나는 서울에서 악전고투를 하며 밥벌이를 하였고, 출판업을 인수받아 성공을 거두었다. 돈도 제법 벌었다. 하지만 '보호관찰대상자'란 딱지는 붙어 다녔다. 항상 감시가 있었고, 언제나 요시찰대상이었다. 그러나 어느덧 세월이 흘러 1987년을 기점으로 독재정권이 마감되어 김영삼 정권 시대부터는 법적으로 자유의 몸이 되었다.

그래서 내가 빨갱이가 아니고 민주화운동가란 사실을 이리시민들에게 알리고 싶었다. 그것의 첫 번째 작업이 바로 2000년도에 무소속으로 국회의원에 출마하는 거였다. "이리시민 여러분! 나는 정상적인 사람입니다!"라고 외치는 방법이 출마였던 것이다. 그렇게 시간이 지나고 보니 어쩌다가 무소속으로 3번이나 출마를 하는 계기가 되었다.

이제 많은 사람들이 민주화란 걸 알고 있기에 군이 출마할 필요를 느끼지는 않는다. 그런데 나보고 선거 때만 내려와 출마한다고 염병(?)을 하는 새키들(?)이 있다. 지가 나한테 뭘 해주었는데 대한민국 국민이 고향에서 내 돈 가지고 출마도 못하게 지랄(?)을 하시는지 알다가도 모르겠다.

나는 익산에서 쫓겨난 사람이지 내가 익산을 떠나고 싶어서 떠난 건 아니다. 그리고 그 사이에도 「경실련」 익산지부에서 수년간 단체생활도 했고, 또 익산을 위한 단체를 만들어 익산을 위한 환경운동도 열심히 하였다. 그리고 지금도 다시 「경실련」을 재창립하기 위하여 이리저리 열심히 떠어 다니고 있다. 나는 익산에서 열심히 살 것이고 익산에서 죽으면 국립묘지에 묻힐 생각이다.

시민군에 주먹밥주고 내란죄로 처벌받은 여성들

5.18 당시 광주

강상죄(綱常罪)란 무엇인가?

비문(非文)과 강상죄

불과 100여 년 전까지만 해도 이 땅은 '양반'과 '상놈'이라는 계급이 있었던 사회였다. 갑오개혁(1894~1896) 이후에도 강상죄 는 계속 존재하였다. 갑오개혁 당시 노비제도만 폐지했을 뿐 강 상죄는 그대로 존속되었다. 상놈은 어디까지나 상놈이었다. 상놈 이 양반에게 대들면 강상죄로 처벌을 받았다.

강상죄란 유교사회인 조선에서 가장 큰 죄였다. 곧 삼강오륜(三 綱五倫)을 어기는 자는 엄한 처벌을 받았다. 신분질서가 무너지던 조선 후기에 특히 이에 대한 처벌을 더욱 강화하였다. 그리고 한 일병합 후에는 이 법이 없어졌다. 하지만 6.25 전쟁이 끝난 후까 지 수년 동안 관습적으로 남아 있었다.

나는 '강상죄'를 떠올릴 때마다 '강경대' 열사가 오버랩된다. "강"이란 성씨 때문인 것 같다. 오늘 강경대 열사 추모식이 열렸 다. 노태우 정권시절 김수홍은 입법고시에 자랑스럽게 합격했는 지 몰라도 누군가는 이렇게 독재자 노태우 정권의 하급 공무원인 백골단의 곤봉으로 죽어갔다. 1991년 4월 26일 그는 그렇게 자 기가 다닌 대학교 담벼락에서 경찰 공무원한테 곤봉으로 맞아 죽었다.

그런데 요즘 친문에게 찍히면 강상죄에 걸린다. 아마 나도 강상죄 명단에 들어가 있을 것이다. 노짱과 친문은 이를 확실하게 구분하여 소위 새로운 당파를 만들어 내고 있다. 이미 앞 제1부에 말했지만 「더민주당」 국회의원이라고 해서 모두 친문은 아니기 때문이다. 이번에 180명이라는 거대한 당선인을 냈지만 그것이 곧 후환이 될 것이다.

강상죄가 없는 일본의 병합

1905년 이후, 그리고 1919년 이후 우리 땅에서는 의병이 일어났다. 그리고 만주에서는 독립군이 탄생하였다. 그런데 대부분이 양반계급이나 중인계급이었다. 그러나 일제 말기쯤에는 소위 상놈이나 노비 출신들도 독립운동을 하게 된다.

이때 독립운동을 하던 상놈이나 노비, 백정 출신들에게는 칼 맑스의 사회주의사상이 딱 들어맞게 된다. 노동자, 농민계급이나 무산계급(상놈이나 노비 등)이 혁명을 통하여 누구나 잘사는 나라를 만들 수 있다는 사회주의 사상은 조선시대 탄압받던 그들에게는 매우 매력적인 구호였을 것이다. 때마침 1917년 러시아 혁명은 3.1운동에 커다란 촉진제 역할을 하였다.

해방 후 많은 의병과 독립 운동가들이 국내에 들어와 「조선공산당」, 「조선노동당」, 「사회주의당」 등 많은 진보정당을 창당하기 시작하였다. 하지만 미군정에 의해서 100% 제거되어 버린다. 그리고 일부는 북한으로 탈출하여 북한정권 건국에 참여하게 된다. 남쪽에 남아 있던 진보적 좌파들은 대구 폭동과 여순사건, 제주 4.3사건 등을 통하여 제거되거나 6.25전쟁 전후로 거의 씨가 말라버린다.

해방 후에도 비참한 삶을 살다가 이슬로 사라져버린 상놈이나 노비, 백정 출신들에게 우리는 어떤 보상을 해줘야할까? 최소한 독립운동을 한 사람에게만은 좌익 또는 우익을 떠나 독립유공자로 해야 하지 않을까?

그들은 좌익이었다는 이유로 지금까지 독립유공자가 되지 못하고 있다. 바로 우리 땅의 65%가 친일파 손에 있기 때문이다. 우리나라 화폐에는 독립운동가 얼굴이 없다. 100원짜리 동전에 이순신 장군 얼굴만 덩그러니 있을 뿐이다. 바로 친일파들 영향 때문이다. 김구 선생 얼굴 대신 신사임당 얼굴이 들어가고, 안중근 의사 얼굴 대신 이황 얼굴이 들어가 있다.

아직도 이렇게 친일 잔재가 여기저기 남아 있는데, 거기다 36년 간 독재뿌리와 함께 성장한 무리들이 더 엎어져 있다. 그런데도 홍영표 같은 일본 총독부 증손자가 문짱 최고 권력자이고, 또 박정희, 전두환, 노태우에 이은 독재 잔재의 하나인 김수흥이 마치 민주투사인 것처럼 홍영표와 나란히 서서 사진을 찍었다. 난 이런 걸 보면서 그저 죽지 못해서 살고 있을 뿐이다.

강경대법이 만들어져서 즉 '독재정권 협력자 처벌법'이 제정되어 독재정권 하수인들을 모두 처벌했으면 좋겠다.

민주주의, 우리는 어디로 갈 것인가?

우리가 원하는 대통령

현직 대통령이 하야를 하든, 탄핵을 받든, 아니면 그 자리에 그대로 있든 등등, 어떤 이유에서건 우리는 대통령을 다시 바꿔야 할 시점에 와 있다.

옛말에 "민심(民心)은 천심"(天心)이라고 했다.

민심을 얻는 자가 천하(天下)를 얻을 거라고 했다.

따라서 지도자는 민심과 함께 호흡하는 대통령이어야 한다. 자기 마음대로 사기업처럼 국가를 유린하는 사람이 대통령이 되어서는 안 된다. 또 소망교회나 하나회나 최순실 같은 비선(秘線)을 두고 나라를 운영했던 전두환이나 이명박이나 박근혜 같은 사람이 지도자가 되어서도 안 된다.

당연 우리 국민 모두는 시민과 함께 하는 민주적 대통령을 원할 것으로 필자는 믿고 있다.

지난 번 최순실과 박근혜의 농간을 보면서 실로 새로움을 느꼈다고 하지 않을 수 없다. 항상 국민을 위해서 일하고, 국민의 일만 생각하는 사람을 선택해야 할 것이다.

2가지 역사관

역사학습에는 2가지 역사관이 있다. 첫째는 유물론적 역사관과 관념론적 역사관이 있다. 하지만 오늘은 이를 다른 방법으로 적용하여 보겠다. 리더 중심의 역사관이 있다. 다시 말해 왕(王)이나 지도자 중심으로 세상을 보는 세계관이다. 좀 더 쉽게 말하면 세종대왕이나 나폴레옹, 링컨 등과 같이 훌륭한 사람이 나라를 발전하게 한다는 역사관으로 우리가 학교에서 배운 세계관이다. 소위 이를 가리켜 관념론적 역사관이라고 부른다.

둘째는 우리나라 학교에서 배우지는 않고 있지만 서구 유럽에서의 교육에서는 시민을 중심으로 하는 역사관이 있다. 즉 이러한 역사관을 우리나라에서는 민중사관이라고 부르고 있다. 이를 유물사관 또는 유물론적 역사관이라고 부른다. 때문에 이를 거부하는 친일세력이나 독재세력 등이 보수의 탈을 쓰고 강력하게 반대하고 있다.

그렇다면 두 가지 역사관은 어떻게 다를까?

첫 번째 내용은 그야말로 좋은 지도자가 나타나야 한다는 주장이다. 그러나 두 번째는 좋은 지도자도 필요하지만 민심(民心)이 중요하다는 역사관이다. 세종대왕이 한글을 만든 것이 아니라 백성들이 먼저 사용하고 있었던 글자를 세종대왕이 잘 정리해서 사용하도록 허가했다는 것이 바로 두 번째의 민중론적 역사관이다. 영어나 일어, 중국어, 스페인어, 러시아어 등은 민중들에 의해 수천 년에 걸쳐 만들어졌다고 배운다. 그러나 우리나라는 세종대왕

한분이 만들었다고 배우고 있다. 하지만 세종대왕 스스로도 자신이 만들지 않았음을 『훈민정음』에서 밝히고 있다.

그리고 미국의 노예해방도 링컨(Abraham Lincoln, 1809~1865)이 시킨 것이 아니라고 보는 민중 역사관이 있다. 그 당시 노예들이나 미국 시민들이 노예는 해방되어야 한다는 의견이 팽배했었다. 이를 링컨이 받아들여 '노예해방전쟁'이라고 명명하고 남쪽의 노예를 해방시켜 북쪽 공업지대의 노동자로 고용하기 위한 전쟁을 치른 것이다. 결국 남북전쟁은 북쪽 공업지대의 노동력을 보충하기 위한 전쟁이었다는 역사관이다.

또한 프랑스혁명도 당시 봉건왕조라는 세습적 왕족정치를 자본가와 신흥세력, 또는 노동자들이 이를 거부하였기 때문에 불처럼 일어난 시민민주주의 혁명이다. 프랑스혁명은 결코 나폴레옹이 일으킨 혁명이 아니라는 주장이다. 하여간 영웅 중심으로 우리는 위인전을 읽고 역사를 배웠기에 많은 부분에서 헷갈리고 있다.

그런데 몇 해 전에 한국에서 있었던 촛불시위도 각 대권 후보자들이 바라보는 시각이 서로 달랐다.

정치인의 말장난

문재인은 "박근혜 대통령이 스스로 하야를 하면 뒷일은 소위 감옥에까지 가게 하진 않겠다"라는 발언을 하였다. 국민의 의견은 묻지도 따지지도 않고 문재인 멋대로 박근혜 하야 후까지 자신이 책임지겠다는 말도 안 되는 싸가지 없는 발언을 하였다. 친문(親

文)과 친노(親盧)의 수작으로 보인다.

안철수 또한 당시에 "질서 있는 퇴진"을 주장하며 차기 대통령에 자신이 될 것처럼 발언하였다. 로드맵이 된 것처럼 보였다. 그러나 아직 중앙부처 국가 9급 행정직 공무원도 해본 적이 없는 사람이 국정에 대하여 뭘 안다고 대통령이 될 것처럼 발언하는지 알 수가 없었다. 당시 필자의 생각은 '다음 대통령이 야권이나 안철수가 받으란 법이라도 있단 말인가?' 안철수는 당시 당대표도 아니고 그냥 평당원이며 국회의원일 뿐이었다. 또한 그는 민심의 뜻을 받들어 정당을 만든 것이 아니라 스스로가 대통령이 되고자 정당을 만든 인물이라는 점이었다.

또 다른 발언자도 있다.

탄핵이든, 하야든, 퇴진이든 등 어떤 방법이든 간에 우선 민중의 촛불을 더 늘려야 '하야'도 힘을 받을 것이고, '탄핵'도 힘을 받을 것이란 발언을 한 사람이 있다. 그는 바로 민심을 읽고 민중과 함께하겠다는 발언을 하였다. 다름 아닌 박원순이다. 따라서 지금은 촛불을 들어야 할 때라는 주장이다. 그리고 "**모든 내각이 총사퇴해야 하며, 촛불 민심은 이를 달성하고야 말 것**"이라고 강하게 요구하였다.

또 한 사람 이재명은 실정법을 믿고 대통령을 고발하였다. 그러나 최순실 농단은 실정법이 문제가 아니라 이 법을 잘못 사용하기 때문에 일어난 부정과 부패이다. 헌법을 지키지 않았기에 우린 박근혜를 탄핵한 것이다. 이재명은 법으로만 된다는 법률지상주의가 깔려 있었다. 뭔가 쇼맨십 같은 느낌이 들고, 아직은 민주주의의 근간을 흔들 만한 행동은 하지 못하고 있는 것처럼 보였다. 물론 당시 이낙연은 아무런 말도 실천도 없었다.

필자는 여기서 "지금은 우선 촛불을 들어야 탄핵과 하야가 힘을 받을 거"라는 박원순의 '민중민주주의'적 발언이 가장 옳다고 생각하였다.

우리 백성들은 좋은 사람을 대통령으로 선택하여 우리 시민들이 원하는 것을 긁어주고 시민들 입장에 서서 함께 일할 수 있는 대통령을 원한다. 미국 시민들이 노예해방을 주장하자 이를 받아들인 링컨 대통령, 그리고 자신의 조상을 흠모하도록 「용비어천가(龍飛御天歌)」를 만들어 보급하기 위하여 백성들에게 한글을 쓰도록 정리해준 세종대왕, 또한 전라도 민심을 받들어 호남지방을 지킨 이순신 장군은 바로 우리들의 올바른 지도자이다. 바로 우리도 이번에는 우리가 입맛에 맞는 박원순 같은 민중 우선주의자를 우리의 지도자로 모셨으면 한다.

5.18 당시 광주

쇼를레머와 유카와

자연과학은 진보한다

세계적인 유명 화학자 두 명을 소개한다.

세계의 대학 순위는 동문의 노벨상과 필즈상 수상(10%), 직원의 노벨상과 필즈상 수상(20%) 등이 있으면 높게 평가된다고 한다. 그런데 우리는 노벨상을 받은 대학교가 없다.

독일의 화학자이며 사회주의자인 쇼를레머(Carl Schorlemmer, 1834~1892)와 일본의 화학자이며 사회주의자 유카와 히데키(湯川秀樹, 1907~1982)라는 두 과학자가 있다.

쇼를레머는 독일의 가구공의 아들로 태어났다. 그러나 그는 당시 독일 통일을 이룩하고 세계의 강자 영국을 제압하며 철혈(鐵血) 재상으로 군림하던 비스마르크(O.E.L.von. Bismarck, 1815~1898)의 압박으로 1858년에 영국으로 망명해 거기에서 1871년「런던 왕립협회」의 회원으로 뽑히기도 하였다.

맑스와 엥겔스(F. Enges, 1820~1895)는 1860년대 초에 쇼를레머와 알게 되었다. 그 당시 유기화학에서는 물질의 화학변화에서 변증법적 현상을 발견함으로써 커다란 성과를 거두었다. 쇼를레머는 맑스주의의 창시자들과 친분을 맺게 된 것을 계기로 그 후 변증법적 유물론을 깊이 연구하여 변증법적 유물론을 자연과학에 적용하려고 했다. 이를 보고 엥겔스는 쇼를레머에 대해 다음과 같이 쓰고 있다.

"쇼를레머는 그 당시 단 한명의 뛰어난 자연과학자이다. 그는 그 당시 모두로부터 경멸당했던 헤겔(G.W.F. Hegel, 1770~1831)에 대한 연구를 경시하지 않고 반대로 헤겔을 높이 평가했다. 이것은 분명히 정당한 것이었다. 일반적으로 이론적인 자연과학의 영역에서 무엇을 이루고자 한다면, 대다수의 연구자가 그랬던 것처럼 자연현상을 불변의 양으로 간주할 것이 아니라 가변적·유동적인 양으로 봐야만 한다. 그리고 이것은 역시 지금까지도 헤겔로부터 가장 용이하게 배울 수 있는 것이다."15)

쇼를레머는 맑스, 엥겔스의 유물론적 변증법을 연구한 뒤, 그것을 유기화학 분야에서의 자신의 이론적·실험적 연구에 적용했다. 그는 유기물 상호전화의 객관적 변증법을 밝히고, 유기물의 복잡화(발전)의 출발점을 확정했다. 그는 이에 기초하여 낮은 것으로부터 높은 것으로, 단순한 것으로부터 복잡한 것으로, 가장 간단한 탄수화물로부터 보다 복잡한 파생물로, 나아가서는 단백질로 이어지는 유기물의 변증법적 발전을 반영한 과학적인 유기화학 체계를 수립했다. 그는 또한 어떻게 해서 가장 간단한 유기화합물(탄수화물)로부터 아주 다양한 유기물이 발생하는가, 즉 유기화합물의 발전이 일어나는가를 밝혔다.

수소를 다른 원자 또는 원자단과 바꿔놓으면 파라핀으로부터

---

15) K. 맑스, F. 엥겔스, 『맑스-엥겔스 전집』, 제15권(일본어판), 대월서점, p.419. 한국어판 『세계철학사』, 제3권, 청사발행 재인용.

매우 다양한 유기물이 얻어지는 것이다. 쇼를레머는 익히 알고 있
는 파라핀 족(族)을 정밀하게 연구하여 그중의 많은 것이 동일하
다는 것을 처음으로 발견했다. 이처럼 존재하고는 있었으나 아직
알지 못했던 물질을 우선 이론적으로 예언한 다음 실험을 통해
그것을 얻어냈다.

일본의 유카와 히데키

일본의 유카와 히데키(湯川秀樹, 1907~1982)도 쇼를레머와 같은
경우에 해당한다. 이론물리학, 특히 원자핵론 및 장(場)의 양자론
(量子論)을 연구하였으며, 1940년 교토대학 교수가 되었다. 1948
년 미국 프린스턴대학 객원교수로 있었고, 1953년 귀국하여 교토
대학 기초물리학연구소장으로 재직하였다.

이론물리학자인 그는 변증법을 통하여 원자핵 내부에 양성자와
중성자가 서로 강한 상호작용의 매개가 되는 중간자가 존재한다
는 것을 1935년에 이론적으로 먼저 예측했다. 이후 1947년 영국
물리학자에 의해서 증명되어 1949년 일본 최초의 노벨상 수상자
가 되었다. 그는 수상소감에서 "맑스와 엥겔스를 몰랐거나 유물변
증법을 몰랐다면 이를 발견하지 못했을 것"이라고 말했다. 그는
죽을 때까지 세계평화운동을 하다가 사망하였다.

그런데 우리는 변증법적 유물론을 가르치면 처벌받는 나라이다.
나이가 들면서 가장 이해되지 않았던 점은 왜 공산국가 사람들도
노벨상을 받는데 대한민국처럼 좋은 나라가 노벨상을 못 받는가

하는 점이었다. 그 후 필자는 학문을 폭넓게 접하면서 그 이유를 알게 되었다.

참으로 한심한 대한민국이었다. 이제 군사독재를 벗어나자마자 대한민국은 점점 세계의 중심으로 성장하고 있다. 특히 2020년도는 '코로나19' 대처능력으로 세계의 모범국이 되었고 1등 선진국가로 성장했다는 것을 세계에 선포한 해이기도 하다.

5.18 당시 광주

벌거벗은 현대인의 모습(?)

바람난 가족

영화 「바람난 가족」이 있다.

뻔한 소재주의는 아닐까 싶었던 우려를 말끔하게 씻어준 영화다. 정말 120%의 만족을 주는 비디오이기도 하지만 벌거벗은 현대인의 속 모습이 아닐까? 벌거벗었다는 표현보다는 현재 우리가 처해진 솔직한 상황이라고 판단된다. 오늘날 간통죄가 없어졌고, 선거법이 강화되었다.

우리는 자신이 자신에게 거짓말을 하면서 솔직하게 표현하는 것을 꺼려 하는 겉과 속이 다른 이중적 모습으로 오늘을 살아가고 있는 것 같다. 요즘 케이블 TV에서 이 영화를 몇 달째 내보내고 있다. 어젯밤 다시 비디오를 빌려서 보았다. 간통죄가 얼마 전 폐지되어 이 영화가 다시 생각났다.

다시 보아도 재미있었다.

두 편의 값을 충분히 하는 현대인의 숨겨진 초상을 보여준 것임이 분명하다. 바람난 그들, 솔직하다 못해 뻔뻔하다. 변호사인 남편은 한참 나이가 어린 여자애와 바람이 났고 부인은 고딩하고 섹스를 한다. 거기다 시어머니까지 바람이 났다. 어찌 보면 콩가

루 집안이다.

니체(F.W. Nietzsche, 1844~1900)가 "신은 죽었다!"라고 외친 100여 년 전 자본주의의 허무하고 무료함을 보는 것 같았다. 가정을 지키기 위해서 바람을 피웠다는 어느 주부의 주장처럼 우리 현대인의 고독, 외로움, 허무 등을 불륜적 사랑으로 해결하는 한 장르라고 생각한다.

비디오의 주요 내용을 살펴보면 바람나기 전 그들은 재미없다 못해 지루했다.

영작(변호사)은 돈 안 되는 일 마다 않고 올바른 일이라면 도맡아 하는, 비교적 정의로운 30대 변호사이다. 그의 아내 호정은 전직 무용수였지만 현재는 동네 무용학원에서 춤추는 것이 전부인 30대 주부이다. 모범적인 변호사이자 가장이 되기를 희망하는 영작과 평범한 삶에 질린 호정 부부, 그리고 입양한 7세 아들 수인, 이렇게 셋이 한 가족이다.

부부는 입양한 아들을 무척이나 사랑하지만 아들 수인은 요즘 자신이 입양아라는 사실 때문에 혼란을 겪고 있다. 영작은 겉보기에는 바람직하기 이를 데 없는 남편이지만 호정은 그와의 섹스에서 더 이상 오르가즘을 느끼지 못한다. 남편은 맘도 몸도 변하는 것 아니냐고 일축해 버린다. 거친 화면이지만 단 1분도 딴짓하기 힘들다. 너무 웃기려고 하지 않고 너무 인상 구기지도 않는 연출도 좋았다. 한마디로 산뜻한 연출이었다고나 할까? 중요하다고 생각될 만한 장면들에서조차 너무 힘주지 않고 쉽게 지나가는 경지가 느껴진다.

인형의 집

원했던 그런 비디오가 아니라 실망하고 돌려주는 고객들도 있겠지만 「바람난 가족」과 같은 영화는 이미 서양에서 100여 년 전 히트했던 입센(H. Ibsen, 1828~1906)의 『인형의 집』 같은 내용이었으리라! 그러나 나이만 어린 여자일 뿐 그들의 관계에서 그녀는 정신적으로도 육체적으로도 상위에 있다. 그들은 섹스하면서 모든 요구를 솔직히 이야기하고, 받아들이고, 실행한다.

변호사 부인이며 무용수인 호정은 머리에 피도 안 마른 옆집 고등학생 17살짜리와 바람이 났다. 쪼그만 게 언제부턴가 끈끈한 눈길을 보내더니, 급기야는 찐하게 연애 한번 하자고 노골적으로 제안을 한다. 성에 대한 호기심과 열망으로 가득한 17살 소년의 맹랑한 대시가 제법 호정을 자극해, 그녀는 구멍도 못 찾는 고딩에게 한 수 가르쳐 주기로 한다. 그런데 임신까지 했다. 남편이 임신 불능이었던 것 같다. 『젊은 베르테르의 슬픔』이란 괴테의 책은 남의 여자를 사랑하는 내용이지만 그런 내용도 유럽에선 예술로 평가한다. 하지만 우리의 윤리관은 용서할 수 없는 죄악이다.

호정의 60살 먹은 시어머니는 초등학교 동창과 바람이 났다. 술병을 끼고 사는 남편과의 섹스에서는 평생 한 번도 오르가즘을 못 느꼈다는 그녀, 그나마도 안 한 지 15년 만에 늙은 애인과의 섹스가 새삼 살맛나게 한단다. 게다가 오르가즘까지……. 남은 인생 자신의 육체와 감정 모두에 솔직하게 살기로 한 그녀, 이제야

말로 자기 인생의 주인이 된 것으로 표현한다. 한국 남성의 50%가 성불능이고 여성의 40%가 오르가즘을 못 느낀다는 조사에서처럼 우리는 이러한 문제에 대하여 너무 소홀하다. 오히려 바람기 있는 정상적인 남녀는 죄악으로 몰려도 성불능인 사람이 더 좋다는 도덕관이 존재하는 나라이다.

물질에 빠진 인간성

100년 전 서구 자본주의 악마성으로 물질만을 위한 상업적이고 금전적인 데마고그(demagogue)가 판치고 인간들이 물질적 소외에 빠져 목숨을 강물에 던질 때 니체는 자본주의를 한마디로 이렇게 표현하였다. "우리에게 가장 무서운 것은 방문 앞까지 찾아온 니힐리즘이다."라고……. 자본주의 악마성으로 인하여 한강물에 투신하는 물질의 피해자들을 구원하자는 휴머니즘적 입장이라는 점을 이 영화는 노력하지 못했다. 하지만 현대인의 초상을 반영함으로써 죄의식 속에 살아가는 사람들에게 실존적 불안을 해소하려 노력했다고 볼 수는 있다. 즉 바람피우는 것을 문제시하지 않는 듯하면서 현대인의 윤리와 도덕적 아픔을 슬쩍 넌지시 고발하고 있는 것이다.

니체가 말한 "신은 죽었다!"란 말이 다시 생각난다. 인간은 신을 초월적 존재(存在)로 믿음으로써 신(God)에게 구원을 구하려 하였다. 그러나 신은 소외된 인간들에게 구원을 줄 수 없기에 무의미하다. 이런 신과 이성이 이 세계를 지배하고 있는 한 진정한 삶의 목적과 의의는 상실되고 존재의 전체적 통일은 파괴되며 존재의 가치·의의도 불신 당하고 심지어는 존재 자체까지도 회의를 느끼고 허무주의로 빠지게 된다. 그에 의하면 허무주의는 신(God)과 이성(Reason)의 부정이다.

 인간의 문제는 인간이 해결해 가는 것이다. 신이 해결해줄 수는 없다. 하지만 이 영화는 현실사회 문제를 알려주는 데에는 일익을 담당하였지만 그 해결방법이 "반드시 섹스란 것이다"란 해답은 주지 못하고 있다. 다만 윤리나 도덕관으로 세상을 해석하고 그것으로 벌할 수 있을까란 현대자본주의 시대에 사는 우리들의 고민을 알려주고만 있을 뿐이다. 하여 논자는 이러한 해답을 원하는 사람들에게 철학적 해답을 분명하게 쥐어주고 싶다.

5.18 당시 광주

사기꾼이 너무 많은 세상

자본주의의 악마성

오늘은 '페이스북' 사기꾼 이야기이다.

자본주의의 악마성은 비단 영화 속에서만 일어나는 일이 아니다. 또 박근혜와 최순실만 사기꾼이 아니다. 천지에 널려 있는 게 사기꾼이다.

정말 조심해야 한다.

'페이스북'만이 아니라 '트위터,' 'E-mail,' '카카오 스토리' 등 가리지 않고 사기꾼들이 떼로 몰려다닌다. 보이스 피싱 뺨치듯 유행처럼 번지고 있다.

그 종류는 다양하다.

첫째로 도박사이트를 홍보하는 경우가 가장 많다. 이건 모두 100% 사기꾼들이다.

둘째로 음란사이트 소개이다. 이것도 100% 사기이다.

셋째로 여자를 소개해 준다는 내용이다. 역시 사기이다. 남자를 소개해 준다는 내용도 사기이다.

넷째로 이건 조금 고급인데 자신이 미군이나 영국군 또는 프랑스군의 여자라고 하면서 휴가비를 주면 한국에 올 수 있다는 것이 있다.

'트위터'나 '페이스북'은 '팔로우'나 친구를 늘리기 위하여 아무나 '친구맺기'를 신청하는 수가 있다. 필자의 경우도 10여 개월 전에는 100여 명밖에 친구가 없었다. 지금은 몇 천 여명이 되었지만 처음엔 그랬다. 하여간 사진이 없거나 친구 숫자가 1~2명인 사람은 거의 음란사이트나 도박 사이트이다. 또는 상기 종류에 해당한다. 그러나 친구를 늘리는 데에는 '친구 맺기'를 신청하는 것보다도 글을 많이 쓰면 된다는 점을 알려준다!

그리고 본인도 처음에 어떤 여자가 영어로 말을 걸어와 몇 마디 대답을 주고 받다보니 솔깃하게 호기심이 생겼다. 그런데 영어 수준이 별로였다. 중학교 3학년 정도밖에 안 되었다. 그래도 계속 며칠간 채팅을 하였다.

그런데 결국은 자기는 이라크에 있는 미군 간호사인데 휴가를 나오게 되면 그 자리를 메울 사람이 필요하기 때문에 자기 부대 사령부에 돈을 입금시키라고 하였다. 그래서 그렇게 하겠다고 우선 대답해 주었다. 그리고 나서 사령부 비서실이라는 곳에서 편지가 왔다.

이 편지 역시 거짓이다.

이런 짓은 주로 한국 내에서도 그럴 수도 있고, 북한이나 중국에서 서버를 걸고 이럴 수도 있다.

사진은 외국 여자나 남자 얼굴로 되어 있고, 군복을 입은 사진을 보내주고 있으나 이 사진도 거짓이다. 여자분에게는 남자 사진을, 남자분에게는 여자 사진을 올린다.

그리하여 상기처럼 필자가 다시 말했다. 한국에 오면 돈을 주겠다고 말했음에도 웃기까지 하면서 한국에 가면 돈을 돌려줄 수 있다고 거짓말을 하고 있다. 끝까지 본인을 기만하고 있다. 기가 막힌 세상이다.

빼앗기면 남의 것

'페이스북'을 하든 '트위터'를 하든 우리 모두 신종 사기꾼들에게 속지 않도록 노력하자. 만약 묻고 싶은 것이 있으시면 본인 메일로 연락주시면 친절하게 답변해 드리겠다. 하지만 이미 지불된 돈은 찾을 수 없다.

비단 조심해야 할 것은 정치만이 아니다.

나쁜 정치인들이 설치는 한 이런 사기꾼들은 조희팔처럼 계속 펄펄 날고 길 것이다.

5.18 당시 광주

은행에 사기당하고 살지 말자!

허가받은 사기꾼

일단 은행은 대국민 사기꾼들의 모임단체임을 먼저 밝힌다.

문재인 대통령은 '코로나19' 대출이란 걸 언급하면서 모든 어려운 기업체에 7천만 원까지 쉽게 대출해준다는 뉴스를 내보내었다. 그래서 나름 빠른 속도로 대출신청을 하였으나 보기 좋게 거절당하고 말았다. 그리고 그동안 금융권에 당했던 것들이 생각나서 몇 자 적기로 한다. 그리고 이렇게 권하고 싶다.

1. 은행대출 제2금융권도 좋아지고 있다.
2. 신용불량자는 빨리 면책·파산신고를 권한다.

서로 사기 치는 자본주의국가에서 사기 안 당하고 인격을 유지하는 방법을 찾자. 이 글은 2016년 8월 18일 「중앙일보」 김경진 기자가 쓴 글을 인용하여 필자가 느낀 게 있어서 다시 보충하거나 정리한 것임을 먼저 밝혀둔다.

그동안 저축은행 등 제2금융권을 이상한 눈초리로 바라본 것은 사실이다.

워낙 이자가 높았기 때문이다. 거기다 대부분 일본계 은행이다. 물론 「신한은행」도 일본 아이들이 만든 건 사실이다. 「제일은행」은 미국 것이다. 자식새끼들 빌어먹어도 절대로 은행에는 취직시키지 마라! 아주 인간성 못된 놈 돼서 집안 식구도 돈으로 아는 돈벌레가 된다.

「기업은행」 가장 나쁜 놈들이다. 필자가 서울 서강로 소재 기업은행에 700만 원 대출이 있었는데 중도에 얼마간씩 20번도 더 전화를 한다. 그것도 온 가족에게 전화를 한다.

나처럼 나이 있는 분들은 애국심이 높아 국내 국책은행만 찾는데 절대로 그럴 필요 없다.

자본주의사회는 인격도 돈이다. 국책은행인 우리은행, 국민은행이나 기업은행 등에 가면 열나게 불친절하고 대출도 적으면서 까다롭기만 지독하게 까다롭고 인격모독은 예사다. 필자는 대출이 없다. 다만 기업은행의 권유로 2년여 전 대출받은 금액이 이제 700여만 원만 남아 있을 뿐이다.

서민만 볶아먹는 은행

은행이 하는 짓을 보면 정말 웃긴다. 대기업에 큰돈 빌려주고 다 떼이면서도 서민만 볶아먹는 한마디로 나쁜 인간들이다.

몇 년 전 '대우조선해양사건' 때문에 단군 조선이래 「산업은행」이 최대의 피해를 보았다고 한다. 「기업은행」은 「한국은행」에서 준 돈 10조 원과 자체 자산 1조를 손해 보았다는 것이 드러난 상황이다. 그리고 당시에 언론에 보도된 내용에 의하면 앞으로 더 늘어났으면 났지 줄어들진 않을 것이라고 밝힌 바 있다.

필자가 몇 여 전에 '서울 마포구 서강로「기업은행」'에서 1,000만원을 빌렸다. 조건은 1년에 10%씩 갚는 거였다. 그런데 '대우해양사건' 이후로는 이 계약을 파기하고 1년에 2번씩 갚으라고 한다. 말하자면 1년에 20%씩 갚으라는 거다. 내규가 바뀌었다고 한다. 그리고 가족들에게 수차례 전화를 하면서 볶아먹는다. 자기네들은 '안내'라고 하지만 똥줄이 탔다는 뜻이다.

「대우해양」에는 국민의 혈세를 낭비하면서도 서민들한테는 목을 죄고 있는 것이 작금의 현실이다. 당시 진정을 해도 해결되는 게 없었다.

그래서 이래저래 신용불량자로 되어 있는 분들은 전혀 죄의식 가지지 말고 법원에 파산·면책 신청하면 그날부로 아무 독촉장도 안 날아 온다. 하는 방법은 그냥「벼룩시장」같은 곳에 광고 나오는 대서소에 찾아가면 30~50만 원 이내에 해준다.

「신한은행」도 일본 아이들 것이니 우리도 함부로 거래하면 안 된다. 역시 신촌「신한은행」에 신용으로 돈 빌리러 갔다가 망신만 팔리고 왔다.

그리고 은행과 저축은행 등 제2금융권에도 중금리 대출이 있음을 알려준다. 차라리 동네 새마을금고나 신용협동조합에서 '사잇돌 대출'을 받는 게 훨씬 낫다.

중금리 대출이란 은행권 저금리 대출과 대부업체 등의 고금리 대출 사이의 중간 정도(5~15%) 금리를 적용하는 대출 상품을 말한다.

한국에서 처음 실시되는 새로운 비즈니스 모델이라고 한다. 우리 세금 갉아먹는 인간들이 은행들이다. 이 은행 놈들은 청와대와 한국은행, 국회 경제관계위원회, 부실기업 놈들 배만 불려주는 곳이다. 그리고 그 손해금 갚으려고 불쌍한 서민들은 대출도 안 해주고 이자도 많이 받으면서 G.W.F. 헤겔이 말한 절대신(絶對神)이 되어 군림하려 든다.

그래도 필요한 분들을 위하여 신문을 참고하여 올린다.

신용평가모델을 통해 대출자 중 옥석을 가려내 투자하면 대출자는 낮은 금리 혜택, 투자자는 높은 수익을 얻을 수 있는 구조라고 한다. 이를 금융 회사들이 앞 다퉈 도입하면서 중금리 대출이 활성화됐다. 고금리 상품을 이용해야 했던 대출자들이 중금리 상품으로 갈아타면 금리 부담이 낮아질 수 있다는 장점이 있다.

은행·저축은행·카드사들이 속속 신상품을 선보인 데 이어 정책금융 상품인 사잇돌 대출까지 가세한 형국이다. 앞장을 선 건 은행권이다. 현재 5~10% 금리 사이의 신용대출을 판매중인 은행은 「KEB 하나은행」·「우리은행」·「신한은행」·「농협은행」 등이다. 「농협은행」의 'NH이큐론'은 5.23~9.43%의 금리로 자금을 빌려주는 상품이다. 「신한은행」의 써니 모바일 간편 대출(5.4~9%)과 「우리은행」의 '위비모바일대출'도 금리 수준이 5.47~9.27%로 비슷하다.

저축은행도 동참했다. 금리 수준은 6.5~19.9%로 은행보다는 높다. 하지만 「KB저축은행」도 부산·광주·대구·경남 등 지방은행

4곳과 저축은행에서도 '사잇돌 대출'을 취급하게 된다.

지방은행 '사잇돌 대출' 금리는 기존 은행권과 비슷한 6~12% 대가 될 것으로 보인다. 저축은행은 이보다 높은 평균 15% 내외가 될 전망이다.

「금융위원회(金融委員會)」는 금융정책, 외국환업무 취급기관의 건전성 감독 및 금융 감독에 관한 업무를 수행하는 대한민국의 중앙행정기관이다. 2008년 2월 29일 「금융감독위원회」를 개편하여 발족하였다.

그곳에 근무하는 신진창 중소금융과장은 "지방은행의 참여로 은행 '사잇돌 대출'의 전국 판매망이 구축돼 중신용자의 금융 접근성이 대폭 향상될 것으로 기대된다."고 말했다.

예비 대출자들은 사전에 금융사별 특징을 파악해야 한다. 신 과장은 "같은 은행권의 금융사라도 자체적인 신용평가모델을 보유하고 있는지 여부에 따라 개인 신용도에 대한 평가가 달라질 수 있다."고 말했다. 같은 은행권이라 하더라도 개별 업체에 따라 적용 금리와 대출가능 금액이 달라질 수 있다는 의미다.

은행권은 금리가 낮은 대신, 신용평가가 깐깐하고 대출 한도도 낮은 편이다. 카드사는 대출 결정 때 회원의 카드 사용 내역을 반영하기 때문에 신용등급이 낮아도 낮은 금리를 적용 받을 수 있다. 한편 저축은행의 중금리 대출은 대출 한도가 높고 상환 기간이 긴 편이다. 사잇돌 대출은 서울보증보험의 보증을 받아 운영되기 때문에 기존에 대출을 받기 어려웠던 업권에서 중금리 대출을 이용할 수 있다는 장점이 있다.

중금리 대출은 아직 걸음마 단계인 만큼 해결해야 할 과제도 많다. 금융권 관계자는 "금융사가 자체 신용평가모델 개발 없이 보증보험 보증에 의존하는 것은 문제가 있다"며 "중금리 대출 상품을 고객을 유인하기 위한 '미끼 상품'으로 인식해서도 안 될 것"이라고 말했다. 신 과장은 "사잇돌 대출을 통해 은행과 저축은행이 중금리 대출의 경험과 데이터를 축적하고, 이를 통해 자체적인 신용평가모델을 개발하면 시장이 활성화할 수 있을 것"이라고 내다봤다.

아울러 요즘 '코로나19' 사태로 많은 소상공인들이 파산에 이르고 있다. 정부에서 지원하는 대출도 있지만 어차피 빚은 빚이다. 그리고 그 빚은 결국 우리 자신들의 숨통을 죄게 될 것이다.

5.18 당시 광주

이만갑과 모클

북한 팔이 방송 「조선 TV」와 「채널 A」

종편 채널들이 2009년 많은 국민들의 반대의견에도 불구하고 이명박정권이 이를 허가하여 탄생되었다. 그리고 국민들의 우려처럼 소위 친일파와 우파를 아우르고, 거기에 반대하는 세력들을 좌파 또는 빨갱이라는 언사로 비판과 비난을 섞어가며 사회의 혼란을 초래하고 있는 것은 사실이다. 그런데 문제는 탈북민들이 이런 극우방송을 통하여 대한민국을 흔들고 있다는 사실이다. 20여 년이 지나도 대한민국 정치, 경제, 사회 문제에 대하여 알 수가 없을 터인데 대한민국 문제에 자꾸 끼어들고 있다. 21대 총선에서 탈북민 출신이 2명이나 국회의원이 되었다. 그리고 각종 허위 뉴스를 양산하고 있다. '김정은 사망설'이라든지, '문재인이 대통령'이 되면 이민을 가겠다고 떠들기도 하였다.

또한 남북회담 중에 북한에 유인물을 뿌리는 등 하는 짓들이 가관이다. 가장 기가 막힌 사건은 5.18민중항쟁을 북한군 특수부대가 600여명이 침투하여 일으킨 '광주사태'고 왜곡한 황당한 탈북민의 증언을 「채널A」와 「TV조선」이 방영했다는 것이다. 이로 인해서 각 종편들의 수준은 이제 재미로 보는 심심풀이 방송으로 전락하고 말았다.

북한군이 600여 명이나 넘어올 때 휴전선의 60만 대군은 뭘 하고 있었느냐를 먼저 생각해야 할 것이다. 무조건 찍어 바른다고 화장이 되는 건 아니다. 좀 수준 높은 방송이 되기는 이미 글렀다는 생각이 든다.

그중에서도 탈북민들을 초청하여 만든 예능인데, 소위 「이제 만나러 갑니다」, 「잘 살아보세」, 「남남북녀」, 「모란봉클럽」 등은 3% 정도의 시청률을 기록하며 국민들로부터 꾸준한 인기를 얻고 있는 것으로 보인다. 그러나 문재인 정권 탄생 후 「잘 살아보세」, 「남남북녀」는 방송 종료되었다.

평양시민 김련희

그러나 이들이 북한의 참상을 증언하는 한편에는 북송을 요구하는 탈북자 평양시민 김련희(43세) 씨도 나타나고 있다. 그런가하면 「이만갑」의 아리따운 처녀 량진희(27세) 씨는 가야금은 다룰 줄 알아도 구구단은 모른다. 북으로 가겠다고 하면서 북한처럼 여행 허가증도 없는 대한민국에서 전국을 누비며 북한을 찬양하는 김련희 씨와 북한에서 탈북한 량진희 씨 두 사람을 놓고 볼 때 과연 진리, 또는 정의에 대하여 생각하지 않을 수 없다.

빈부의 격차는 북한이나 남한이나 같아 보인다. 다만 얼마나 민주적이고 얼마나 자유가 많은가는 확연하게 구분되는 시점에서 북송을 요구하는 김련희 씨는 뭔가 잘못된 거 같다. 이런 경우는 그냥 북한으로 보내주었으면 한다.

　의료시설이 없어서 중국의 친척집에서 간경화치료를 받던 중국 브로커에게 속아 남한으로 왔다는 내용이 그녀의 주장이다. 설사 그렇다 치더라도 나이도 어린 사람이 아니다. 살았던 곳이 평양이라면 북한에서도 상류층에 해당한다. 그런데 그런 사람이 병을 낫기 위해 중국까지 가서 남한으로 속아서 왔다는 것 자체가 이해가 가지 않는다.

　정말 잘못 왔다면 속된 말로 집구석에 앉아서 가만히 있을 일이지, 대한민국 전국을 돌아다니며 북한을 찬양하는 언사를 늘어놓는 짓거린 또 뭐란 말인가?

　"북한 초등학교에는 수영장이 600여 개나 된다."

　"남한 사람은 북한을 너무 모른다."

　이처럼 자기 마음대로 떠들고 다니고 있다. 대한민국 국민이 왜 북한에 대해서 알아야 하는가? 북한에 대한 정보는 국방부와 국정원에서만 알면 되는 것이다. 대한민국 국민 중에서 과연 몇 명이나 통일에 관심이 있을까?

　김련희 씨에게 묻고 싶다. 3만여명 의 탈북자는 왜 생겼는가, 대를 잇는 세습제는 온당하다고 생각하는가, 하고 말이다. 나는 각종 사회단체에서 김부자 사상에 오염된 이 여성을 미화시키지 말았으면 한다. 또한 탈북민들도 북한의 문제점을 지나치게 부풀려서 정치적으로 이용하려는 무리들의 앞잡이가 되지 않기를 바란다. 하지만 탈북민들이 운영하는 각종 유튜브를 보면 대한민국에 대한 칭찬을 많이 한다. 민주국가라든지, 자유를 만끽하고 살고 있다든지, 먹을 게 많다는 등등, 하지만 북한과 다를 바 없었던 대한민국이 이렇게 발전하기까지는 수많은 '민주화운동가'들의 희생 없이는 이룰 수 없었다는 점을 그들은 모르고 있다.

그런데 「미래통합당」과 함께하는 극우세력으로부터 하루 일당이나 받고 태극기 집회에 나간다거나 북한군이 600여 명이나 대한민국에 침투하여 '광주민중항쟁'을 주도했다고 떠들어 대고 있다. 탈북민과 「미래통합당」은 아마도 미래에 자신들이 통째로 없어질 생각으로 정당을 창당한 거 같다. 그들의 말대로라면 대한민국 민주주의는 북한이 사주해서 일어났다는 논리다. 그래서 대북전단을 살포해 대한민국이 북한을 민주화시키자는 논리인가?

하지만 탈북민들의 대북전단 살포행위는 군사적 충돌을 유발하고 한반도에 긴장을 높이겠다는 위험천만한 행위로 또 다시 6.25 같은 전쟁을 하여 국민의 생명과 안전을 위협하는 반역행위이다. 또한 이를 지지하거나 고무하는 「조선TV」나 「채널A」는 당장 없애야할 방송이다.

대북전단 살포는 실익은 없고 커다란 전쟁위험만 안겨주고 오히려 통일을 방해하는 행위이다. 정부는 이에 대한 분명한 입장을 내놓고 탈북민들의 이탈행위를 처벌토록 해야 한다.

이번에 지성호와 태영호의 국회 진출 역시 자유민주주의 단점을 이용한 비겁한 행위로 「미래통합당」은 실수가 아니라 적국을 도와준 반역행위라고 생각한다.

도서출판 중원문화의 유래

출판사 창립배경

가끔은 필자가 운영하는 회사에 대해 사람들이 물어 온다.

「도서출판 **중원문화**」라는 회사 이름이 중국 무협지에 등장하는 중원(中原)에서 따온 거냐고 묻곤 한다. 그러나 필자가 운영하는 회사인 「도서출판 **중원문화**」는 대한민국의 중심인 충청북도 충주를 의미한다.

지금은 중원군과 충주시가 합하여 1995년 중원군과 통합시를 이루어 충주시로 부르고 있다. 하지만 과거에는 서로 달랐다. 즉 우리 고장이 익산군과 이리시가 따로 있었던 것처럼 역시 그곳도 그러하였다. 때문에 지금도 그곳에는 중원문화를 상징하는 내력들이 곳곳에 배어 있다.

옛 중원문화의 중심지로 중원 고구려비 등 문화유적이 많다. 지금도 충청북도 내륙의 교통요충지로 충주 댐의 건설과 함께 수산관광의 중심지이자 담배와 사과의 주산지로서 농업과 함께 풍부한 지하자원을 갖춘 공업도시로 성장하고 있다.

행정구역은 1개 읍 12개 면 12개 동이 있다. 시청소재지는 최고를 의미하는 으뜸로(路)이며 면적은 984.39㎢, 인구는 2016년 현재 207,982명이다. 신라시대 중원경(中原京)으로 불렸으며 조선시대 말 지방제도 개정에 의해 1896년에 충청북도의 도청소재지가 되었다.(현재는 청주시로 옮겨 감)

인구는 익산보다도 적지만 「건국대학교」 분교가 있고, 「중원대학교」라는 4년제 종합대학이 있다. 풍요롭고 조용한 도시이며 소득도 높은 편이다. 사람들은 비교적 온순하며 아마 삶의 만족도가 가장 높은 곳으로 알고 있다.

1978년 원래 「도서출판 **중원문화**」 창립자인 유인호 선생과 박종국 선생이 바로 여기 충북 중원 출신이시다. 이 출판사를 본인이 1984년 인수하여 오늘에 이르렀다.

독재와 싸울 목적으로 설립

처음부터 본사는 출판문화를 목적으로 탄생된 회사가 아니고 당시 독재정권과 싸울 목적으로 설립되었다. 그리고 그 설립 목적은 현재도 계속 유효하다.

때문에 본사의 도서들은 진보적 도서들로 이루어져 있으며 전투적 도서들이 많다. 김근태 전 장관의 고문기록 『남영동』, 『제5공화국』, 『박정희와 유신독재』 등등 도서와 철학을 기초로 하여 경제학, 사회학까지 다양하다.

강금실 전 법무장관의 『헤겔 법철학입문』, 김대중 전 대통령의 저서 『섬마을 소년 김대중 대통령』 등의 도서도 본사 도서이다. 기타 철학 도서 및 관련도서인 『철학대사전』 등 약 2천여 종을 출간하였다. 군사독재정권시절에는 모두 판금된 도서들이다.

본사는 대한민국 군사독재정권들과 싸워 이긴 민주주의를 대표
하는 출판사로 기록되고 있다. 민주화 이후 현재 본사 출신 직원
들은 언론사, 청와대, 국회, 대학교 등에 포진하고 있다.

간혹 본인이 익산에서 무소속으로 출마하여 낙선하곤 하니 본
인을 포함하여 우리 회사나 출신까지도 우습게 보는 경향이 있는
데 그건 아니다. 이는 제도권에 가고 싶지 않은 본인 개인의 생각
이 있기 때문이다.

군사독재시절 우리 회사 직원들이나 저자들은 외무고시나 사법
고시, 행정고시 등에 합격하고도 합격증을 버리고 다른 길을 택한
사람들이 매우 많다.

그 분들은 다른 분야에 진출해서 지금도 자신들의 몫을 충분히
해내고 있다. 그런데 역사가 민주화되다 보니 독재정권의 쓰레기
였던 하수인들이 국회의원과 시장군수를 꿰차고 있는 것을 보면
참으로 씁쓸하다. 하지만 역사는 아마도 다시 민주세력을 필요로
할 때가 있으리라 믿는다.

「화려한 휴가」 속편을 기다리며

화려한 휴가

몇 년 전 「화려한 휴가」라는 영화가 있었다. 5·18민주화운동을 겪지 않은 세대나 내용을 잘 모르는 사람들은 이 드라마틱한 것을 어떻게 이해하고 있는지 모르겠다. 원래는 보고 싶은 마음이 별로 없었다. 왜냐면 그 사건 관련자로서 그 당시 상황을 다시 보고 싶다는 것보다는 잊고 싶을 때가 더 많았기 때문이다. 하지만 아내가 내용을 잘 모르고 있어서 보고 싶다고 하기에 보게 되었다.

영화가 당시 실제 상황과 다르거나 실제 상황보다 훨씬 약하게 묘사한 것은 차치한다 하더라도 속편이 나와야 된다는 생각이 들었다. 당시 무고하게 죽어간 이들을 생각하면 더할 나위 없이 슬픈 일이다. 하지만 영화에서는 살아남은 사람들의 가혹한 시간은 생략됐기 때문이다.

계엄군에게 부상당해 사로잡혔거나 투항했던 사람들은 기절한 상태로 광주 상무대 근처의 육군통합병원으로 이송됐다. 그러나 다리가 절단된 사람이나 눈이 다친 사람들 또는 총상 등으로 혼절하였던 사람들은 3,4일에서 1개월 또는 3개월에 걸쳐 치료를 받고 퇴원하면 곧바로 육군보안대로 끌려갔다. 그들은 영화에서 나

오듯이 빨갱이나 폭도로 불렸고, 그곳에서 엄청난 고문에 시달려야 했다. 그것도 같은 내용을 다시 수사하고 다시 없애고 다시 다르게 수사하곤 했다.

이는 5·18민주화운동이 공산당의 지령에 따라 일어났다고 조작하기 위해 수사방향을 이리저리 꿰맞추려 함이었다. 두 번째는 초기에 사건에 가담했다가 마지막 계엄군 진입 경고 방송을 듣고 집으로 돌아간 기동타격대나 도청 사수 팀을 다시 잡아오기 위해서였다. 그렇게 강제로 잡혀온 사람들은 극심한 고문을 당해 부상자가 폭발적으로 늘어나게 되었는데, 이는 더 많은 '폭도'들을 양산하여 진압의 명분을 만들어 낼 목적이었던 것이다.

그리고 나서 다시 수사방향은 공산당 빨갱이의 사주에서 김대중의 사주로 마지막 가닥을 잡아가기 시작하였다. 그 과정에서 또다시 무자비한 고문들이 행해졌다. 결국 「보안대」 수사팀은 수사방향을 내란으로 몰고 가 그 수괴가 김대중, 광주 수괴는 전남대학 학생회장 정동년, 도청 수괴는 시민·학생총위원장인 조선대학 김종배로 수사를 종결하였다. 이를 전두환이 취임하던 그해 8월 25일까지 앵무새처럼 방송되거나 보도되었다.

나도 총상을 맞아 다친 것이 아니고 수사 도중 다친 것이다. 대검으로 찌르거나 개머리판으로 때리는 것은 이유도 아니었다. 소위 보안대, 「중앙정보부」, 「치안본부」로 구성된 「합동수사본부」는 무고한 시민들에게 김근태 씨가 남영동에서 받은 그런 지독한 고문을 자행했다. 어떤 이는 차라리 그 자리에서 부상당하지 말고 죽었어야 된다고 하기도 했다.

그들은 부상자들을 곧바로 법정에 세우지 않았다. 즉 고문하여 폭도들의 숫자를 늘리고 또 가담자들을 확대하여 광주를 비롯한 모든 곳의 반정부 인사를 잡아들이기 위한 수단에만 이용했다. 그러나 그들은 6개월 동안 상무대에 가두어 두고 겉으로 보이는 상처가 없어진 그 해 12월부터 「육군보통군법회의」에서 재판을 열어 징역 3년에서 심지어 사형까지 선고했다.

다시 「화려한 휴가」 속편이 나올 것을 기대한다. 또한 아직까지도 사망자 숫자나 발포 명령자, 그리고 미해결된 피해자들에 대한 명확한 사실이 밝혀지지 않았다. 진실이 명쾌하게 밝혀질 때까지 5·18은 계속되고 있다고 생각한다. 또한 복직이나 보상이 제대로 이루어지지 않은 만큼 5·18은 여전히 진행형이다. 영화를 만든 김지훈 감독에게 감사드린다.

5.18 당시 광주

제3부 정의가 없는 나라

이제 박원순 시대가 먼동이 트듯이 도래하고 있다!

내 고향 익산 이야기(1)

검찰은 개혁되어야 한다

이런 엉터리 검찰을 누가 만들었을까?

우리는 너무 잊고 살아간다. 그리고 사법고시 출신들은 소위 엘리트들이라고 말한다.

은행이나 동 주민센터, 심지어 농협까지도 시민들에게 불친절하게 굴었던 것이 불과 20여 년 전 일이다. 그러나 민주화가 이룩되고 민주정권이 들어서면서 대한민국이 친절한 친절공화국으로 변했다. 국민들도 스스로 친절해졌다. 이건 바로 민주화운동가들 덕분이다. 하지만 사람들은 이를 잊고 살고 있다.

여기서 「더민주당」 이춘석 전 국회의원 이야기를 하지 않을 수 없다. 이춘석 전의원은 선거법을 위반한 적이 있었다! 법을 만드는 자가 법을 위반했다! 법을 다루는 변호사가 법을 위반하고도 뻔뻔하게 국회에서 법사위원을 맡고 있었다.

국회 법사위원회는 법원과 검찰을 감사하는 기관이다.

이렇게 말이 안 되는 일이 진행되고 있는 게 대한민국 국회다.

전국은 그랜저검사, 성추행검사, 투기검사들 때문에 언제나 소란스럽다.

이런 검찰이 자기를 감사하는 국회의원을 제대로 수사할 수 있다고 볼 수 있을까?

언론계와 학계의 조사에 따르면 전(全) 국민의 1.7%가 모든 권력과 부(富)를 장악하고 있다고 한다. 전라북도 인구의 반절에 해당하는 숫자가 대한민국을 통째로 삼키고 있는 셈이다. 이 중에서 친일파나 친일파 후손이 70%에 이른다고 한다. 나머지 28% 정도는 군사독재정권을 도운 협력자들이다. 행정고시 출신, 판사, 검사, 변호사, 은행원, 국정원 직원, 일부 기업인 등 다양하게 분포되어 있다.

못사는 서민들은 못나서 못사는 게 아니라 정직하고 착하기 때문에 못사는 것이다.

그러나 우리의 자식들은 부모를 원망한다.

일제 36년간 조선의 지배계급은 친일파가 되어 재산을 보호하고 돈을 벌었으며 현재 대한민국의 재산 70% 이상을 소유하고 있으나 아무런 제재를 받지 않고 상층부를 구성하며 살아가고 있다. 그러나 독립운동가들은 빨갱이로 몰려 6.25 전쟁을 전후로 모두 총살당하거나 숙청당해 버렸다. 그래서 우리는 4.19혁명을 일으켰고, 5.18민중항쟁을 일으켰다.

친일파가 그랬듯이, 군부독재가 그랬듯이 그들은 민중들에게 압박을 가하며 노동 착취를 통하여 막대한 권력과 부를 형성하며 살아왔고 지금도 잘 살고 있다. 필자가 여기에 쓰는 글은 과격한 글이 아니라 사실을 쓰고 있는 것이다. 사실을 말하면 과격하다고 지적하는 사람들이 바로 친일파 후손이거나 독재정권을 도왔던

자들이다. 그들은 전혀 반성하지 않고 필자 같은 사람을 과격분자로 몰아버린다.

독재정권 부역자들

전두환 시절 1980년 제22회 사법고시에 합격하여 검사가 된 조배숙 전 의원, 역시 전두환시절 사법고시 공부에 매진하여 이한열열사가 죽어가고, 구로구청 사건으로 민중들이 압박받을 때 제30회 사법고시에 합격한 이춘석 전 의원, 1980년 광주에서 시민들이 총에 맞아 죽어갈 때 제24회 행정고시에 합격한 정헌율 익산시장, 그리고 전 익산시장 출미지 강팔문, 미지막으로 이번 21대 국회에 입성한 입법고시 출신자 김수흥 등은 민주화된 이 당에서 공직에 있어서는 안 될 사람들이다.

역사교육과 인성교육을 받아야 할 사람들이다. 5.18민주화운동 당시 시민들이 죽어갈 때 광주 MBC 방송 기자였던 정동영 전 장관도 깊이 반성해야 할 것이다. 이한수 전 익산시장은 어디에 있었는지 공식적인 기록이 없다.

조배숙 전 의원이 사법고시에 합격하던 날 필자는 광주 육군 상무대형무소에 있었고, 정헌율 익산시장이 행정고시에 합격하던 날 본 필자는 광주 육군보통군법회에서 징역 3년을 선고 받았다. 또 이춘석 전 의원이 사법고시에 합격할 때와 김수흥 의원이 입법고시에 합격할 때 필자는 구로구청사건으로 서울 남부지원에서 징역 2년형을 선고받고 재판 중에 있었다.

그런데 스스로 자랑스럽다고 생각했던 본인은 익산시민들의 눈밖에 나 있고, 이들은 익산시장과 국회의원이 되었다. 바로 이것이 자랑스럽다고 생각하는 대한민국의 현재 상황이다. 지인들은 이야기한다. 제도권에 들어가서 정치를 해야 한다고 말한다.

5.18 당시 광주

내 고향 이야기(2)

　몇 해 전(2016년 10월 11일)에는 서울 신촌 「현대백화점」에 들렀다가 무공해 환경비누를 파는걸 보고 정말 반가웠다. 필자도 익산시 팔봉동에서 무공해 환경비누공장을 한 경험이 있었다. 당시 「경제정의실천시민연합」 활동을 하던 때라 이를 홍보하느라 무척 노력했지만 노력만큼 얻는 성과는 없었다.

　폐식용유를 이용해 만드는 것이기에 의미가 컸다. 그런데 이제 백화점에서도 예쁘게 포장하여 파는 걸 보니 필자의 노력이 헛되지 않았다는 걸 느끼며 매우 기분이 좋았다.

　이런 일을 하게 된 동기는 순전히 고향에 대한 사랑 때문이었다. 이런 고향 사랑이 생기게 된 건 1977년 11월 11일 오후 9시 15분 이리역 폭발사고 때문이었다. 이때 이후 이리역 앞에는 시계탑이 하나 생겼다. 그런데 신역사가 신축되면서 시계탑도 함께 없어진 것으로 생각한다. 하여간 이리역전은 다른 지역에 비하여 번화가였다.

　또한 내가 고등학교 3학년 때(1970)까지만 해도 이리역에서 이리공고까지 걸어서 다녔다. 그런데 이리역에서 이리공고로 가는 길에 세무서가 있었고, 그 옆에가 남성여고가 있었다. 그리고 이리역 주변에는 사창가가 있었는데 그 옆으로 지나다녔던 기억이 난다. 청년기였기에 사창가에 대한 이야깃거리를 많이 들을 수 있었다.

그리고 조금 지나면 이리여고 뒤쪽으로 접어들었다. 그 길은 지금도 남아 있다. 지금 중앙시장으로 들어가는 '손약국' 앞이 바로 그 길이다. 그리고 이리여고를 지나면 남중동 파출소가 나온다. 그런데 내가 살던 곳은 바로 남바우 근처였다. 지금은 아파트가 지어지고 운치도 없지만 그곳엔 작은 동산이 있었다. 지금도 어느 정도 모습은 남아 있다.

또 하나 이리역에서 이리공고로 가는 길은 시공관(市公館) 앞을 지나서 대전사거리를 지나 남성고등학교와 동중학교를 지나 남중동 파출소를 지나서 이리공고를 가곤했던 기억이 난다. 과거 시공관 자리는 우리은행으로 변했고, 그 옆에 있던 이리시청은 보배빌딩으로 변했다. 지금 중앙동사무소가 있는 옆길로 쭉 걸어가면 만세양조장이 있었다.

지금도 나는 남중동과 창인동 만세주장 사거리를 벗어나지 못하고 그곳에서 살고 있다. 서울에 있을 때는 몰라도 익산에 있을 땐 항상 내 숙소는 만세주장 사거리 '만세경노당' 3층이 된다. 만세경로당 회장님은 이리공고 대선배이신 강재풍 전 이리시 의회 의사국장이신데, 이리와 익산에 대한 구수한 이야기를 많이 알고 계신다.

그리고 친한 지인들과 아래층 불고기집에서 삼겹살에 소주를 기울이는 것이 요즘이나 과거나 하나의 취미가 되었다. 친구를 만날 때도 후배를 만날 때도 저녁 6시면 그곳에서 삼겹살을 먹으며 옛날이야기를 하면서 즐긴다. 내가 고등학교에 다닐 때만 해도 밤에는 3만 낮에는 10만이라는 이야기가 있을 정도로 이리시는 번화한 도시였다.

그러나 이제는 과거 이리시의 모습을 점점 잃어가는 것 같다. 이리역 앞에 있던 시계탑도 없어지고, 남성고등학교 자리에는 아파트가 들어섰고, 남성여고도 소라단으로 이사를 가버렸다. 또한 소라단도 옛날 모습은 없어지고 소라단 입구에 남중동 주민센터가 들어서 있고, 유서 깊던 남중동 파출소도 옮겨졌다.

그리고 이리공고 정문에서 내려다보이던 넓은 밭에는 북부시장과 원주아파트가 들어섰다. 수년 전부터 「북부시장」에는 순댓국을 잘 하는 황 씨 아줌마와 날마다 임상리에서 채소거리를 들고 나와 팔고 계시는 아줌마들이 있어 지나갈 때면 늘 웃고 나누어 먹을 게 있음 나누어 먹곤 한다. 이 글을 쓰다 보니 순댓국집 아줌마한테 8천 원을 외상으로 달았던 기억이 난다.

익산시, 여기는 이렇게 정겨운 곳이다. 그런데 익산 인구가 자꾸 줄어들어 안타깝기 그지없다. 젊은 시절 열심히 환경운동을 했던 이곳 익산이 이제 환경문제가 불거지고 있다는 것에 화가 난다. 낭산 폐석산과 장점마을 때문이다.

다이내믹 익산(1)

희망의 땅 익산

우리 익산만큼 다이내믹(Dynamic)한 도시도 없다. 그만큼 부침 (浮沈)이 심한 도시이기도 하였다는 이야기이다. 그럼에도 익산만 큼 살기 좋은 도시도 없다. 또 익산만큼 발전 가능성이 큰 도시도 없다. 시민들에게 미래가 보장된다는 것만큼 행복한 일은 없을 것 이다. 교통·공업발전도시에서 문화·복지도시로 가는 통로가 익산 에는 있다.

① 미륵사지와 왕궁 터 복원, ② 이리역 폭발사고 보상, ③ 익 산역 개발 등, 익산시가 풀어야 할 과제들은 역설적으로 익산이 발전 가능성 1위의 도시임을 제시해준다.

이리역 폭발사고와 이재민들

필자는 미래 도시 익산에 대하여 앞으로 몇 회에 걸쳐 연재해 보기로 하였다. 그리고 본인의 글이 햇불이 되어 익산에 새로운 희망의 토론이 불처럼 타올랐으면 한다. 희망이란 바로 인간들에 게 가장 필요한 용기가 된다.

첫 번째 가능성의 씨앗은 우리 익산에 아직 개발하지 못한 왕궁터와 미륵사지가 있다는 점이다. 백제문화권에 속하는 이곳은 규모나 역사적 보존 가치에 있어서 경주나 부여, 공주 못지않은 거대한 보고(寶庫)이다. 그건 「유네스코」 문화유산보존지역으로까지 지정되었다는 것에서도 알 수 있다.

왕궁 터와 미륵사지는 1990년대 초 노태우 정권 시절 3당 합당이 이루어졌을 때, 김종필의 제안으로 부여와 공주를 백제문화권 특정지역으로 정부 고시하였다. 그러나 유감스럽게도 익산 미륵사지와 왕궁 터는 제외되었다. 그리하여 김삼룡 전 원광대학교 총장과 익산 문화인들이 익산이 제외된 것이 잘못되었음을 알리고지 뜻을 모아 함열의 박종완 씨를 익산백제문화추진위원장으로 위촉하게 되었다.

이때만 해도 익산군과 이리시는 통합되지 않았던 때였다. 그 후 박종완 위원장은 한국일보와 동아일보, 전북일보, 전북도민일보 등 각종 언론 매체에 백제문화권에 부여와 공주는 포함되었으나 익산이 제외된 사실에 대하여 부당함을 제기하였다. 그리하여 마침내 1992년 14대 대통령선거부터는 정치권에서 이 문제에 대해 많은 관심을 갖기 시작하였다.

당시 고(故) 강인섭 「신한국당」 의원과 이석현 「민주당」 전 의원이 익산도 백제문화개발사업에 포함되어야 한다는 당위성을 국정감사에서 피력하였다. 이에 건설·문화 등 각 장관들로부터 익산도 백제문화권에 포함시킨다는 긍정적인 답변을 얻어내게 되었다.

이후 백제문화개발사업에 익산을 포함시키겠다는 김영삼 대통령 후보가 선거공약에 명시하게 되었다. 그리고 1992년 김영삼이 대통령에 당선되자 1993년 6월 15일 국무회의를 통과하면서 마침내 익산도 백제문화권 개발지역에 부여·공주와 함께 정식으로 포함되었다. 그러나 이후 지금까지 부여와 공주에만 2조여 원이 투자되었을 뿐 익산은 흉내만 내고 있는 실정이다.

1995년 이리시와 익산시가 통합한 후 익산의 '백제문화개발사업'은 오랫동안 익산시 행정에서 변방의 일로 치부되었다. 본인이 김대중 정부 시절 조한용 익산시장에게 이런 말을 한 바 있었으나 행여나 필자가 익산시장에 도전할까 봐서 잘 만나주지도 않았다. 참으로 딱한 일이 아닐 수 없다.

그리고 이 문제에 해박한 익산 백제문화개발사업회 위원장인 박종완 씨가 지금까지 희망을 잃지 않고 노력하고 있으나 결과는 아직까지 미지수이다. 이는 현 익산시장이 전북지사와 협력하여 반드시 이룩해 내야 할 과업이다. 「유네스코」에 등록했다고 자랑만 하지 말고 누군가는 총대를 메고 반드시 해야 할 우리 익산의 과업이다.

이리역 폭발사고 피해보상

두 번째 과제는 1977년 11월 11일 이리역 폭발사고에 대한 손해보상금을 「한국화약」(현재 한화그룹) 측으로부터 한 푼도 못 받았다는 사실이다. 유신독재시절 대통령 특별교부금과 국민성금으로 이리시를 재건한 것이지 사고를 낸 당사자는 지금까지 사과 한 번도 없었다. 그 뒤 계속 군사독재가 이어져 감히 말도 꺼내기가 힘들었다. 그러나 이제는 이 문제를 짚고 넘어가야 한다.

어떤 이는 기간이 너무 흘러 피해보상 소송이 불가능하다고 벌써부터 뒤로 빼는 자세를 취하는데 그건 그렇지가 않다. 일본 위안부 문제나 6·25 피해보상은 지금도 계속 투쟁 중이다. 만약 안 된다면 국회에서 '특별법'이라도 만들 수 있도록 해야 한다. 이런 것도 할 수 없는 국회의원이나 익산시장이라면 당장 그 자리를 내려놓도록 해야 할 것이다. 당시 이리시의 재건은 모두 이리시민의 노동력으로 이룩해 낸 것이었다.

관(官)·민(民)이 협력하여 손해배상을 받아낸다면 미륵사지와 왕궁 터 복원개발은 우리 시민의 힘으로 해낼 수 있다. 동시에 익산역을 민자로 유치하여 건립한다면 익산은 다시 전북과 충남의 교통·상업·문화의 중심지로 우뚝 설 수가 있다. 수도권에서도 민자 역사가 있는 지역은 주변 상권도 살고 경제 살림도 좋아진 편이다.

익산역 개발은 익산의 심장개발

왜 이제야 물 건너간 민자 역사를 들고 나오느냐고 따지는 사람도 있을 것이다. 그러나 송충이는 솔잎을 먹고 살아야 하듯, 익산은 교통중심지로 발전한 도시이기에 교통 중심의 요람으로 만들어야 한다. 과거 30여 년 전만 해도 이리시(裡里市)란 곳은 낮

에는 10만, 밤에는 3만이라는 말이 있을 정도로 외지 유동인구가
많았던 도시이다.

지금 익산의 현실은 모든 시민들이 알다시피 영등동에 몰려 있
다. 외지 인구 유입도 없다. 30여만 명의 익산시민 사이에 영정통
이 발전하면 영등동 상권이 죽고, 영정통이 살아나면 영등동이 죽
는 시소게임 같은 인구 이동현상이 일어나고 있을 뿐이다.

하지만 민자 역사를 유치하면 충남의 논산, 공주, 서대전, 전주,
김제, 정읍, 장성, 송정까지 그 보폭이 넓어진다는 점을 생각해야
한다. 전국이 1일 생활권인 오늘날 이는 대단히 중요한 문제이다.
즉 외지 사람을 익산유동인구로 생성해야 한다.

따라서 어렵고 힘들더라도 익산역 민자 역사 문제는 다시 토론
해볼 만한 가치가 충분한 사안이다. 익산시장은 이 문제에 대하여
의견을 수렴하고, 시민 간의 대화를 이끌어 내어 그야말로 놀라운
익산시를 이루어 냈으면 한다. 이건 추진력 있게 밀고 나가면 얼
마든지 사업성이 있는 만큼 재검토를 해주기 바란다.

이제는 복지가 우선

그리고 또 하나, 미래는 실버시대이다. 이 실버세대가 청년과
같은 정신으로 살아갈 수 있는 방법은 복지부문의 확대이다. 특히
익산은 노년층이 많은 곳이고 면적이 넓은 지역이다. 향후 중국과
교류가 자유롭게 이루어지면 익산은 더욱 복지부문과 관광·문화
사업에 치중해야 한다.

영국의 「유럽연합」 탈퇴나 한국의 복지정책 후퇴는 바로 실버세대가 한 발 앞선 미래를 바라보지 못하고 자기들의 코앞만 생각하기 때문에 일어나는 현상이다. 공업개발, 즉 산업개발은 산업자본주의 시대였던 20세기, 우리나라가 개발도상국에 진입했을 때에 어울리는 개발방법이었다. 실버세대에게는 이런 기억밖에 없다.

기업을 유치하고 새로운 사업을 유치하는 것들은 바로 산업자본주의 시대의 방법이다. 기업유치도 중요하지만 지방자치를 발전시키려면 제4혁명인 과학기술혁명시대의 발전에 맞추어야 한다. 알파고(AlpaGo) 시대에는 시민들이 즐거운 노동으로 소득수준을 높이는 방법을 찾아야 한다. 그것이 현재 우리에게 닥친 지방자치의 핵심이다.

자본주의가 산업자본주의(1차 산업)에서 상업자본주의(2차 산업)를 지나 이제 금융자본주의(3차 산업)로 진입한 오늘날과 같은 시기에는 신용(Credit)이 중요한 문제로 떠오를 수밖에 없다. 아직 봉건주의적 습관과 자본주의적 습관이 얽혀 있는 익산시와 같은 지방에서는 수도권처럼 금융자본주의를 소화하면서 살아가기에 다소 무리가 있다. 크레디트는 자본주의 생활습관에서 생성되는 것이지 노력한다고 되는 것이 아니다.

이제 자본주의로 가자

이렇다 보니 농협을 중심으로 한 대부업이 시골을 모두 무너뜨리고 말았다. 이 고리대금업자 농협이 익산시민들을 신용불량자로

만들어 우리 익산시민들을 힘들게 만들었다. 외상이면 소도 잡아
먹는다는 속담처럼 순전히 농협이라는 고리대금업자들이 갖은 감
언이설로 선량한 시민들을 빚쟁이로 만들어 버린 것이다. 따라서
이 빚들은 어느 은행돈이든 모두 갚지 않아도 된다.

그뿐만 아니라 농협조합장 선거는 '돈 선거'라는 말이 나올 정
도로 돈으로 치러지고 있다. 돈으로 표를 사고파는 것이 일상화되
어 있어 시의원이나 도의원, 그리고 시장이나 국회의원선거에도
돈 달라고 손을 내미는 것이 다반사이다. 이건 필자가 무소속으로
3번을 출마하면서 침통하게도 피부로 느꼈던 바이다. 모든 부정은
농협에서부터 시작되었다.

익산시는 바로 이 돈 때문에 신용불량자가 된 시민들을 돕는
데 발 벗고 나서야 한다. 시청 '직소민원실'을 '파산 및 면책 민원
실'로 만들고 싼 소송비용으로 신용불량자로 되어 있는 시민들을
구제해야 한다. 그리하여 시민들이 활력을 가지고 행복한 삶을 살
아갈 수 있도록 해야 한다. 이것이 복지로 가는 첫 번째 발걸음이
될 것이다.

최소한 익산시장이라면 국회의원과 달리 정치경제학 실력은 기
본으로 갖추어야 한다. 이는 사회주의 정치경제학과 자본주의 정
치경제학에 두루 능통해야 한다는 의미이다. 두 번째로는 복지에
대한 진보적 사고가 따라야 한다. 세 번째는 문화적 수준을 향상
시켜 시민들의 행복지수를 높여야 한다는 사명을 뼛속 깊이 새기
고 있어야 한다.

현재 익산시장도 민중, 또는 민심을 헤아리지 않고 지금까지 역

대 시장들이 해 왔던 것처럼 익산시를 운영할 거라면 스스로 그 자리를 내놓는 게 좋을 것이다. 좋은 게 좋고 변화는 시끄러운 것이라는 무사안일(無事安逸)한 사고로 시정을 이끌어가는 것은 누구나 할 수 있다. 익산시장 자리는 정년을 마친 공직자들의 전관예우 자리가 아니다. 또한 양쪽 국회의원 눈치나 보면서 2년을 허송세월로 보내는 자리는 더더욱 아니라는 것을 명심해야 할 것이다.

5.18 당시 광주

다이내믹 익산(2)

민심은 분열이 아니라 희망이다

문제는 실천이다.

지난 해 7월 8일 '미륵사지 세계유네스코 등재 1주년 기념행사'가 열렸다.

2019년 7월 8일을 기념식으로 정한 것은 독일 본(Bonn)에서 개최된 제39차 '세계유산위원회'에서 백제역사유적지구가 지난해 7월 8일 「유네스코」 세계유산에 등재된 것에서 이 날로 정한 것으로 보인다. 그리고 이날 전북의 문화발전을 위해 헌신하다 지난 2014년 열반한 고(故) 김삼룡 전 원광대학교 총장에게 공로패가 수여됐다. 이 자리에는 고인을 대신해 장남 김원요(대동남 대표) 씨가 함께해 그의 숭고한 뜻을 되새겼다.

전북도지사, 시장, 국회의원 도의장 등이 참석하여 성대하게 치러졌다고 「금강방송」에서 녹화중계까지 해주었다. 필자는 그 방송을 보면서 여러 가지 생각이 교차되었다. 왜냐하면 아무도 미륵사지 복원에 대한 구체적 대안을 제시하지 않고 서로 치켜세우고 주고받는, 소위 관리들의 놀이터로 보였기 때문이다.

무엇을 어떻게 실천하겠다는 의지는 하나도 보이지 않았다. 참으로 딱하였다.

특히 익산시장과 전북도지사의 발언을 들을 때는 저렇게 아무런 대책이 없는 사람들이 어떻게 시장이 되고 도지사가 되었는지 의아해하지 않을 수 없었다. 희망의 땅 익산이 절망의 땅이 되어간다는 느낌이 들었다.

지난번 글에서 미륵사지 복원이 '백제문화권개발'에 포함되기까지 얼마나 많은 사람들의 노고가 있었는지를 이야기한 바 있다. 그리고 미국에서 날아온 조한용 전 익산시장은 미륵사지보다도 현재는 모두 멍들어 버린…… 웅포 골프장 짓기에 바빴다.

조한용 전 시장은 막강했던 DJ의 힘을 써먹지도 못했다. 또한 당시 가장 힘이 있고 의리까지 갖추었다고 소문난 최재승 전 의원조차도 미륵사지 복원에는 아무런 일을 하지 못했다. 그리고 대안은 있었으나 그에 대해 누구에게 묻지도 따지지도 않았다. 한마디로 역사·문화적 마인드가 전혀 없었고, 익산에 대한 아이덴티티(identity)도 없었던 모양이다.

사실 백제문화권 중에서 왕궁 터는 2조 원을 투자해서 개발·복원하면, 20조 원이 나올 보물이 묻혀 있다는 것이 백제문화에 대해서 잘 아는 오피니언들의 전언이다. 그만큼 가치가 있다는 이야기이다. 그런 문화적 보물을 땅속에 묻어놓고 있는데도 행사장만 쫓아다니는 선출직 공직자들을 보면 한숨부터 나온다.

기념행사 같은 건 약소하게 치러도 된다.

문제는 실천이다. 고양이 목에다 방울을 걸 듯, 누군가 걸어주기만 바라는 사람들의 기념행사는 껍데기나 다름없다. 형식과 내용, 현상과 본질이 같아야 통일된 사업을 완수할 수 있다. 이런 변증법적 통일과 비약이 없이는 백제문화권개발은 지양(止揚)될 수 없다.

이한수의 재판과 익산 분열

2016년 7월 14일, 영화 「본 시리즈」로 유명한 배우인 맷 데이먼(Matt Damon)이 한국에 들러 손석희 JTBC 아나운서와 8시 뉴스에서 대담을 하였다.

손석희 아나운서가 물었다.

"영화배우로서 소신 있는 정치적 발언을 많이 하던데 이유가 무엇이냐?"

이에 대해서 맷 데이먼이 대답했다.

"본인은 주로 정치에 대해서만 발언한다. 정치인이 올바르지 못할 때는 미국 국민의 자격으로 당연하게 해야 될 지적이라고 생각한다."

얼마나 멋진 대답인가?

실천하는 미국 국민의 모습을 실제로 우리나라에서 보게 되어 너무 감동스러웠다.

필자는 얼마 전, 선거법 위반으로 기소된 이한수 씨의 재판이 불구속된 상태에서 이루어졌으면 좋겠다는 글 '이한수와 선거법위반(8)'을 쓴 적이 있다. 이에 대하여 공격성 댓글이 몇 개인가 달렸는데 재미있는 건 이춘석 전 의원을 편드는 글이었다는 거다.

"이한수 씨한테 돈 좀 얻어먹고 글을 쓰느냐?"

"댓글은 지우는 게 아니다."

그럼 「더민주당」 익산시장 공천은 댓글을 안 지워서 멋대로 했고, 돈 좀 얻어먹고 막장으로 갔단 말인가? 되먹지 못한 댓글이다.

세월호사건 때 「새누리당」 심재철이 주동이 되어 "세월호 유가족 집회 금지법"이 법안으로 제출된 적이 있었다. 아마 조금 있으면 "이춘석 비판금지법안"이 제출될 것 같다는 생각이 든다.

국민이 국회의원에 대해 발언을 하거나 비판하는 것은 국민의 당연한 권리이자 의무이다. 그런데 당사자가 아닌 제3자 신분의 국민이 정치인을 변호하고 나섰다는 것이 황당했다. 그것도 얼굴과 이름을 숨긴 채 자기가 누군지도 모르게 해놓고 계획적으로 다는, 인터넷상에서만 볼 수 있는 비난성 댓글이었다.

그리고 2016년 7월 19일, 필자는 이한수 씨의 선거법위반사건에 대한 공판이 있어서 다녀왔다.

재판과정을 보면서 이한수 씨가 저런 정신으로 익산시장을 했더라면 얼마나 좋았을까 하는 생각이 문득 들었다.

재판은 우리가 처음 예상했던 바와는 완전히 딴판으로 흘러가는 모양새였다.

이한수 씨의 재판과정은 죽기 아니면 살기였다.

그런데 이보다 앞서 오상식 씨가 이춘석 전 의원이 현재 6개의 선거법을 어겨 4번째 조사를 받고 있다고 기자회견을 하였다.

오늘 재판에서 주목할 사안은 재판과 관련하여 이춘석이 여러 차례 탄원서를 냈다는 사실과 기자들의 어정쩡한 증언과 진술, 누군가가 쳐놓은 그물망에 이한수가 걸려든 느낌, 재판장도 헷갈린 다고 할 정도의 번복 진술, 그리고 이한수와 변호인의 꼼꼼한 준 비 등이 내 머릿속을 파고들었다.

그리고 베트남 가이드 여행 예약금 500달러(한화 60만 원 정도) 를 베트남 제보자가 중간에서 착복한 것으로 보이는 내용, 여섯 차례 검찰 심문에서 돈을 돌려주었다고 진술한 A기자가 체포영장 이 발부되자 갑자기 돌려주지 않았다고 번복하는 내용, 그리고 베 트남 안내자에게 돈을 송금한지도 몰라다는 B기자의 진술 등 누 가 진실을 말하는 것인지 도통 혼란스러운 재판이었다.

여기서 필자가 하고 싶은 말은 이런 식으로 익산이 분열되어서 는 안 된다는 것이다.

익산을 위해서라면 적이라도 껴안을 수 있는 폭넓은 사람, 실천 적으로 행동하는 기본 마인드가 갖추어진 사람이 당선되어야 했 었다. 단순하게 좋은 국회의원, 좋은 익산시장 코스프레(Costume play)에 빠져 있다면 정신감정을 받아보아야 한다. 모름지기 정치 인이라면 민중과 대화하며 익산시민을 감동시켜 중앙정부를 움직 일 수 있어야 한다.

성남시장은 우리의 견본

과연 이한수 씨가 익산시장 재직시절 일을 잘했을까?

아니면 일을 잘하려고 했는데 뭔가 문제가 있어서 못하게 되었 을까?

지난 2016년 7월 13일 「경향신문」에 뜬금없는 글이 실렸다.

건국대학교 의과대학의 서민 교수가 쓴 글이 있어서 잠깐 옮겨 보기로 한다.

이번 글은 지방자치를 대통령이 막고 있는 일이기에 우리 익산 시민들도 가슴에 새겨 놓아야 할 내용이다.

서민 교수의 글은 이렇다.

"……(중략)……지난 6월17일 이재명 성남시장이 11일간의 단식을 중단했다. 고등학교 때 어머니가 바지를 안 사준다고 딱 하루 동안 밥을 굶은 게 가장 긴 단식인 나로서는 열흘이 넘게 단식한 이재명 성남시장이 존경스럽다.

그런데 뭔가 이상하긴 하다.

예로부터 단식은 주로 힘없는 이의 수단이었다.

억울한 일을 당했는데 아무도 자신의 말을 들어주지 않을 때 택하는 방법이 바로 단식 아닌가? 그런데 잘사는 동네의 시장을 하는 분이 단식을 해야 할 사정은 도대체 뭘까? 그건 자신이 바라는 성남시의 모습이 박근혜 대통령의 그것과 완전히 달랐기 때문이었다."

심지어 성남시를 가리켜 '부자 자치단체'라고 부르며 "부자들한테 5,000억 원씩을 갈취해 다른 지자체에 나눠 주겠다"는, 말도 안 되는 법을 통과시키려 하고 있다. 얼마 전 행정자치부가 입법 예고한 '지방재정법 시행령 개정안'이 바로 이것인데, 이게 시행되면 우리나라에서 지방자치는 물 건너간다. 이것이 이재명 시장이 무려 11일간 밥을 굶은 이유였다.

안타까운 점은 타 도시민들의 반응이었다.

"보수 세력이 성남시장을 포퓰리즘(Populisme, 민중주의)의 화신처럼 묘사하는 것이야 예상할 수 있는 일이지만, 많은 이들이 거기에 동조해 이 시장을 욕하고 있는 것은 이해하기 힘들다.……(중략)……."

원래 성남시는 빚이 너무 많아서 빚 갚는 것을 중단하겠다는 선언을 했던 도시이다.

그런데 이재명 시장이 이를 모두 갚고도 남았다고 한다. 그는 당권 도전을 선언할 만큼 배짱도 두둑한 사람이다.

익산시의 빚

몇 년 전 정헌율 현 익산시장이 이한수 씨가 익산시장 재직시절 익산시가 빚을 3,000억 원 이상 지게 만든 사람이라고 심하게 공격을 한 바 있다. 그리고 후에는 빚이 생각보다 적다고 발언하였다. 또 하나 본인이 '행정의 달인'이라고 했으며 '백제문화특별시'를 만들겠다고 공약한 바 있다.

그렇다면 현 시장이 빚을 갚고 있는지 묻지 않을 수 없다. 또 '백제문화특별시' 공약은 어디까지 와 있는지 궁금하다. 이재명 시장처럼 정헌율 시장도 잘 해낼 수 있느냐가 포커스다. 성남시는 토지개발 등 무수한 일만 벌여 놓고 분당 지구 등 수도권 부자들이 지방세를 내지 않는 통에 빚을 지게 된 경우다. 그러나 익산시는 성남시처럼 현재 세금 미납금이 많지 않은 걸로 안다. 공단조성지가 팔리지 않았기 때문이다.

오늘 이한수 전 시장이 재판을 받는 모습처럼 무엇이든지 하려고만 하면 된다고 생각한다.

문제는 하지 않으려 하기 때문이다.

다시 한 번 말하고 싶다. 익산은 발전 가능한 희망의 도시이다.

이제 미륵사지에 대한 모든 미래는 양쪽의 현직 의원과 현 시장에게 달려 있다.

정헌율 현 익산시장은 '백제권문화사업'에 미륵사지가 포함된 시기였던 1992년~1993년 사이에 어디서 무엇을 했으며, 이에 대해 무엇을 알고 있는가?

우리 속담에 "선무당이 사람 잡는다."는 말이 있다.

부디 백제문화권의 스토리를 먼저 알고 있는 익산의 사회단체들과 먼저 소통을 하기 바란다. 아무런 소통과 대화도 없이, 또 준비도 없이 백제문화의 후손으로서 '백제문화특별시'를 만든다는 것은 어불성설(語不成說)이었다. 그렇다면 현재 자기가 한 공약은 지켜지고 있는지 묻지 않을 수 없다. 행정의 달인은 거짓말의 달인도 되어야 하는 모양이다.

새로 당선된 국회의원과 시장에게 묻는다

첫째, 익산이 백제문화권에 포함되었던 과정을 알고 있는가? 둘째, 미륵사지 복원사업과 왕궁 터 복원사업의 방향을 아는가? 셋째, 미륵사지 유물전시관이 국립박물관으로 승격된 과정을 아는가? 넷째, 미륵사지가 세계문화유산으로 등재된 과정을 아는가?

여러분의 손때는 이 중 어느 한 구석에도 묻어 있지 않다. 익산 백제문화권개발에 최선을 다한 일말의 흔적도 없는 여러분들이 익산을 대한민국의 문화특별시로 만들겠다고 다짐하는 것은 어디서 나오는 배짱인가? 필자는 허공의 메아리로 돌아올 것 같아 기대보다 걱정이 앞선다.

5.18 당시 광주

다이내믹 익산(3)

익산의 미래는 시민이 결정한다

요즘 익산시민들이 어렵다고들 말한다.

다들 돈이 없어서 못 살겠다고 말한다. '코로나19' 이후 그 소리는 이제 비명에 가깝다.

돈벌기란 낙타가 바늘구멍에 들어가는 것만큼 어려울 수밖에 없다.

정치권도 재미가 없다. 갑(甲)지구와 을(乙)지구를 중앙에서 이리저리 농간하고 있다.

국가경제는 계속 하락세에 있고, 그 방법도 일본을 그대로 닮아가고 있다. 더구나 익산시장은 대통령의 '그린 뉴딜정책'을 하나도 소화하지 못하고 있다.

대도시는 부동산 가격이 몇 년째 치솟고, 시골은 노동 인구가 현저하게 줄어들었다. 이는 서울과 익산만의 문제가 아니고 전국적인 현상이다. 누가 익산의 국회의원이 되더라도, 누가 익산시장이 되더라도 익산의 인구감소는 해결할 수 없다.

오늘도 오히려 돌아오는 가을 추석이 부담스러운 사람들도 많을 것이다.

칼 맑스는 자본주의의 여러 모순을 연구하여 시민사회에서의 변화의 본질을 밝혀내면서 양에서 질로의 이행이란 법칙이 사회 현상에 작용하고 있다는 것을 밝혀냈다. 예를 들어 수공업의 직인이 자본가로 전화하는 것을 분석해 화폐와 상품이 개별 소유자의 손에 점차 축적됨으로써 결국 질적으로 새로운 생산관계가 발생된다는 점을 명확히 했다.

G.W.F. 헤겔도 자신의 『대논리학』에서 이 법칙의 정당함을 입증하고 있다. 그러나 헤겔의 경우 이 법칙이 순수 운동으로 나타나지만 맑스는 물질적 현실 속에서 양적 변화가 비약적으로 변화한다는 합법칙적 성격을 증거한 바 있다.

G.W.F. 헤겔은 양에서 질로의 이행 법칙이 사고에만 한정된 법칙으로서 단지 사고의 자기발전의 보다 낮은 단계에서 나타나는 것에 지나지 않다. 이에 비해 맑스는 이 법칙의 현실적 실천적 보편성으로 증명하고 있다.

다시 말해 익산의 변화는 이미 질적으로 또 실천적으로 시작되었다는 게 필자의 견해이다. 이는 사고에서 시작된 것이 아니라 현실 속에서 이미 변화가 시작되고 있다. 시민의 불만이 축적되고 있음이 많은 곳에서 감지되고 있다.

그리고 언젠가 급격하게 비등점을 맞이하며 폭발적 힘으로 익산시를 변화시키는 익산시민의 본질이 현상하게 될 것이라고 필자는 믿는다. 가능성은 현실성으로 부정의 방법을 통해 전화(轉化)하는 것이다.

현재 지구상에 존재하는 사회주의국가들은 주거 이전의 자유가 없다. 북한도 그렇고, 베트남도 그렇고, 중국도 그렇다. 특히 베트남이나 중국, 북한 등은 농촌에서 도시로 이주하려면 거주 승인을 받기가 매우 어려워 큰 도시에는 상당수의 불법 이주민들이 살고 있다고 한다.

탈북민들이나 베트남 새댁, 그리고 중국 교포들을 만나면 생각 이외로 고집이 쎄다는 걸 알 수 있다. 필자도 처음엔 그렇게 생각 하였다. 그러나 그것은 그런 환경에서 자랐기 때문이었다. 다시 말해 고집이 세지 않으면 살 수 없는 환경이었거나 너무 보고, 배 운 내용이 없어서 자기의 주장만 옳다고 생각하는 편협된 사고라 는 걸 알게 되었다.

우리 익산이나 호남 사람들도 「더민주당」이나 「정의당」만 옳다 고 생각하는 편협된 사고방식이 분명하게 존재한다. 무소속은 힘 이 없을 거란 사고도 있다. 그러나 오늘 분명하게 해두고 싶은 것 은 무소속이든 정당소속이든 제 밥그릇 못 찾아먹는 의원도 있고, 제 밥그릇 찾아먹는 국회의원도 있는 법이다. 편견은 버려야 한다.

우리나라는 주거 이전의 자유가 헌법에 보장되어 있다. 거기다 미국식 자본주의를 받아들여 미국을 모방하고 미국식으로 발전하 여 왔다. 사회주의 국가들은 거주 이전의 자유가 없기 때문에 우 리처럼 농촌이 썰렁하지가 않다. 농촌의 인구가 생각 외로 많다.

그런데 거주 이전의 자유가 보장된 유럽의 대부분의 자본주의 국가들도 역시 농촌 도시 인구가 그대로 많다. 왜 그럴까? 그 까 닭은 지방자치제도가 잘 되어 있기 때문이다. 자신이 내는 세금이 자신의 고장을 위해서 사용되고 있고, 도시마다 특징이 다르다.

유럽은 도시국가에서 출발했기 때문에 지방자치제도가 발달하고
소득분배에서 성공할 수밖에 없었다.

　이처럼 미국과 유럽이 다른데 우리가 편견을 갖고 살고 있지는
않는지 한 번쯤 양식 있는 사람이라면 익산을 고민할 필요가 있
다. 누가 익산시장이 되느냐에 따라서, 누가 국회의원이 되느냐에
따라서 익산은 비약적 발전을 하게 될 것이다.

　그러나 우리나라는 다르다.

　대통령의 권한을 강화하고, 대기업 위주로 경제성장을 이룩하다
보니 소득분배에서 실패하여 버렸다. 이건 박정희의 군사 독재개
발의 결정적 실패이다. 박정희 자신이 친일파였기에 친일재산을
환수하지 못하였고, 그러다 보니 전 국민 부(富)가 1.5%에 집중되
는 현재의 상황을 만들어 버렸다.

　5천만 명의 1.5%라면 적은 숫자 같아도 75만 명에 해당한다.
전주시(全州市)만한 인구가 전국의 부(富)를 쥐락펴락하는 셈이다.
75만 명 중에서 70%는 친일파 후손들이다. 그렇다면 자수성가한
사람은 22만 명 남짓이다. 5천만 명 중에서 22만 명에 들 수 있
다는 것은 낙타가 바늘구멍에 들어가는 숫자이다. 불과 0.5% 미
만에 해당하기 때문이다. 고시 패스하기보다도 어렵다.

　외무, 사법, 행정, 기술고시 등의 숫자가 건국 이후 20만 명이
넘었다. 이 고시 합격자들도 초기에는 거의 친일파나 그 후손이
100%를 차지하였다. 때문에 부(富)는 친일파들끼리 돌려막기하고
있는 셈이 된 것이다. 정말 웃기는 나라가 대한민국이다.

　지금 나라가 이러할 진대도 자식을 출세시켜 보겠다고, 날이면

날마다 학원으로 야자(夜自)로 아이들을 뺑뺑이 돌리고 있다.

그리고 열심히 민주화를 이룩하겠다고 친일파세력이 만든 「더민주당」에 투표하고, 몇 해 전에는 「더민주당」에서 분당해서 나간 「국민의당」에 투표하면서 살고 있는 것이 현실이다. 그리고 그 세력들이 익산시를 농간하는데도 자신이 국회의원이라도 된 양 기뻐하고 시장을 존경해 마지않는다.

그런데 소위 '동학혁명'(東學革命)에 가담하여 반란군이 된 집안이고, 이제는 '5.18민중항쟁'과 '구로구청투표함사건'의 주범이 되어 국가 민주유공자인 본인보고 제도권 정당으로 들어가라고 하는 분들이 주변에 너무 많다. 그래서 정당에 입당도 해보았다.

지난번 20대 총선에서 5.18민중항쟁 출신들은 필자 말고는 단 한 명도 출마하지 않았다. 필자도 제도권정당이 아니라 무소속으로 출마하였다. 꼭 제도권 정당에 들어가 출세하기보다는 김구(金九)선생처럼 사는 방법도 나쁘진 않다고 생각했기 때문이다.

서양의 시민민주주의, 소위 현재의 자본주의가 성공하기까지 200여 년 이상이 걸렸다.

영국의 명예혁명(1688년), 프랑스 혁명(1789년), 그리고 다시 '왕정복고'(王政復古)가 시작되었다. 이는 60여 년 지난 1848년 전 유럽이 혁명을 맞으면서 다시 공화제가 되었다가 불과 몇 년 후에는 다시 '왕정복고'가 이루어지는 과정이 있었다. 바로 빅토르 위고(Victor Marie Hugo, 1802~1885)의 『레 미제라블』은 이 시대를 배경으로 쓰인 소설이다.

프랑스 '왕정복고' 시기 일부는 캐나다나 미국으로 도망가 오늘날의 미국을 건설하고, 일부는 처참하게 사형에 처해졌다. 그리고 다시 러시아혁명(1919년) 이후부터는 공화제가 대세를 이루면서 시민민주주의가 완성되었다. 그러나 독재자들의 출현으로 세계1차 대전과 제2차 대전을 겪으면서 많은 민중들이 죽음의 현장으로 밀어 넣어졌다.

우리의 역사도 그렇다.

일본에게 수탈당하고 아직도 그 수탈자들이 지배하는 친일세력 아래에서 살고 있다. 그러면서 독재와도 싸워 이겼고, 민주주의도 얻었다. 그러나 수많은 희생이 따랐다.

오늘날 필자는 스스로 벤처 출판인으로 충분히 성공했다고 생각하고 있다.

그리고 철학 저술가로서 초대도 많이 받고 있다. 정치란 언젠가는 기회가 주어질 것이라고 필자는 믿는다. 차기 대권에서 진보적인 박원순이 대통령에 당선된다면 충분하게 필자와 같은 사람도 필요할 것이라고 보고 있다. 그때는 익산시민들이 필자를 제대로 선택해줄 거라고 굳게 믿고 있다.

미국의 버니 샌더스는 70세가 넘어도 대통령에 도전했고, 김대중 대통령과 김영삼 대통령도 그러지 않았던가?

다이내믹 익산(4)

익산은 어디로 갈 것인가?

미국이 '코로나19'의 영향으로 금리(金利)를 내릴 거란 이야기가 벌써부터 나오고 있다. 아마 중국이 자국 화폐를 저하시키자 미국이 추가적으로라도 중국을 견제하려고 한다는 느낌이 든다. 그러면 그동안 금리가 싸기 때문에 부동산으로 투기가 몰릴 것이란 예상이 든다. 그렇다고 부동산 정책을 미룰 수도 없다. 그래서 정부의 부동산 정책은 계속 고수될 것으로 보인다. 그러면 이 투기 자본이 부동산에서 빠져 주식이나 금(金)으로 나갈 공산이 크다고 한다. 필자 역시 여기에 동의한다.

그렇다면 우리 익산은 어떻게 될 것인가?

익산의 갑부들은 수도권에 아파트 한 채씩은 가지고 있다. 서울이냐, 일산이냐, 분당이냐에 따라서 다르다. 필자는 서울은 어느 곳이나 괜찮고, 경기도에서는 이재명이 시장을 역임한 성남시, 곧 분당을 우선 괜찮은 지구로 보고 있다.

문제는 익산이다!

우리는 과거나 지금이나 미국 중심으로 경제가 돌아가고 있다.

그리고 우리 익산에는 많은 종교가 존재한다.

초중고에서도 헤밍웨이의 『노인과 바다』를 공부하고, 러시아 4 대 문호, 곧 푸시킨(Aleksandr Sergeevich Pushkin, 1799~1837), 고골리(Nikolay Vasilyevich Gogol, 1809~1852), 톨스토이(Lev Nikolaevich Tolstoy, 1829~1910), 도스토옙스키(Fyodor Mikhailovich Dostoevsky, 1821~1881) 등을 배운다.

특히 톨스토이의 『부활』이나 도스토옙스키의 『죄와 벌』은 필독서이자 논술시험에서도 등장하는 도서들이다.

그러나 헤밍웨이(Ernest Hemingway, 1899~1961)의 『누구를 위하여 종을 울리나』와 톨스토이의 『부활』, 도스토옙스키의 소설 『카라마조프의 형제들』 등이 어떤 내용인지, 왜 쓰였는지를 모르는 경우가 다반사이다. 헤밍웨이는 우리나라로 말하면 공산주의자였다. 그 내용은 『누구를 위하여 종을 울리나』의 스페인 내전 소설에서 정확하게 묘사되어 있다.

그리고 도스토옙스키의 『카라마조프의 형제들』 작품에서는 인식하는 힘, 더 정확하게 표현하면 인간과 주위의 여러 현상의 '신(God)적' 비밀을 통찰하는 힘(독특한 종교적 통찰력)을 쓰고 있다. 다시 말해 하나님께 기도만 하면 인간 평등이 이루어진다는 기독교 제일주의적 사상이다. 때문에 『죄와 벌』 등은 기독교로 회귀하면 죄도 벌도 없어진다는 결론을 내고 있다.

반면에 톨스토이는 『전쟁과 평화』에서 지상의 고난에 대한 보답으로서 죽음 후에 선사되는 최고의 행복한 생활을 의미하는 천당(天堂)이라는 종교적 약속에 그다지 마음이 끌리지 않았다. 그는 우선 지상에서의 인간 생활이 훌륭해야만 한다고 주장했다. 톨스토이에 따르면 "기독교의 '상상 속의' 천당은 '정신착란'적 생활이다."라고 비난하며 결론을 내린다.

필자는 여기서 헤밍웨이가 옳다, 도스토옙스키가 옳다, 톨스토이가 옳다, 이런 대답은 뒤로 미루겠다. 우선 현재 지상에서 살고 있는 우리 익산을 생각하고 싶다.

전국에서 제일 잘 사는 익산!

전국에서 부동산 거래가 가장 활발한 익산!

전국에서 배움이 제일 좋은 익산!

복지가 튼튼한 익산!

이것을 항상 생각하고 싶다.

한마디로 말해 누구나 오고 싶은 익산을 만들자는 이야기이고, 그렇게 충분히 할 수 있다는 것이 필자의 생각이다.

얼마 전 사회활동이 활발한 유명한 김천○ 목사를 만났다. 그분이 필자를 칭찬하기를 익산의 김○기 씨와 필자가 대화할 수 있는 사람이라고 추켜세웠다. 그러나 필자는 솔직히 그분의 이름은 들었으나 대화해 본 적이 없다. 과연 그럴까? 필자가 그렇게 낮은 수준으로 인식되었든가? 은근히 시기와 질투가 났다. 그러나 그 목사님 말씀이 옳다는 생각이 들었다.

그러나 인간의 기본문제는 언제나 사고의 존재에 대한, 정신의 자연에 대한, 의식의 물질에 대한 관계의 문제였으며, 지금도 그러하다. 이 문제에 대해 어떻게 답하느냐에 따라 철학자들은 양대 주요 진영으로 나누어졌다. 때문에 종교가 없는 필자에게는 치명적 약점이었다. 왜냐하면 필자는 사회적 존재가 의식을 규정한다고 믿기 때문이다.

 어려운 말이 아니다. 익산에서 늘 함께했던 사람과 민주화운동을 한다고 전국을 돌아다닌 풍운아 필자와는 거리가 멀다는 이야기이다. 하여간 이야기의 원점으로 돌아와 보자. 과연 익산은 누가 어떻게 할 것인가, 이것이 문제이다.

 현재 익산은 인구는 30여만 명이 넘으나 매우 가난한 도시이다.

 이 가난한 도시를 부자로 만들면 그게 장땡 아닌가? 엎어 치든 뒤로 넘어 치든 당당한 익산시를 만들면 되지 무슨 익산시장 뜻대로 익산이 돌아가야 한단 말인가?

 익산의 현안은 ① 종교 사이의 갈등을 약화시키고 더불어 ② 미륵사지 개발에 사활(死活)을 걸어야 한다. 그리고 ③ 익산 민자 역사 (民資驛舍) 재개발과 ④ 익산역 폭발사고 배상금을 받아내고 당시 피해자를 찾아 특별대우를 해주고, 또한 현재 ⑤ 신용 불량자들을 익산시가 책임지고 해결해서 뭔가 힘이 있는 도시를 만들어야 한다.

 그리하여 낮에는 100만 밤에는 30만의 찬란한 도시를 만들자!

 날마다 익산시장이 인사이동이 어떻고, 폐석산 문제 해결은 어떻고, 익산시장은 문제고, 익산시의회는 썩었고, 전북도의장의 익산시장 출마 예정은 어떻고, 이런 잡다한 문제는 한강에 돌 던지기 식의 웃기는 마누라 바가지 긁는 소리에 불과하다.

 우리 익산이 서해안을 뚫고 넓은 태평양으로 나가는 방법을 연구하자!

 익산에서 살고, 서울에 회사가 있는 필자는 익산을 왔다 갔다

하다 보면 별의별 소리를 다 듣는다. 그러나 필자의 귀에는 어떤 소리도 들어오지 않는다. 오직 익산을 어떻게 하면 가난에서 해방하고, 익산 출신이 어떻게 하면 중앙에 많이 진출할 수 있는가를 고뇌한다.

필자는 익산시민에게 과감하게 부탁한다.

과연 「더민주당」이 익산을 위해서 수십 년 동안 뭘 해주었단 말인가?

다이내믹한 익산은 익산 시민들이 만드는 것이다!

우리 함께 익산을 확실하게 바꿔볼 생각은 없는가?

30여 개가 넘는 언론사!

60여 기기 넘는 시회단체!

그리고 수백 개에 이르는 종교단체는 파벌로만 가지 말고 익산 민중을 생각하는 진정한 조직이 되기를 이 필자는 아우성쳐본다!

5.18 당시 광주

다이내믹 익산(5)

변화하지 않는 것은 발전할 수 없다

최순실과 닭대가리를 보는 익산시민들은 참으로 참담했을 것이다. 이 인간들은 국민은 안중에도 없고 대한민국을 자기들 사기업처럼 멋대로 주무른 야바위꾼들이다.

그러나 당시 익산에는 2명의 국회의원이 있었다. 하지만 익산에 내려와 자신들의 의견을 피력하는 기자회견문 하나도 없었다. 또한 익산시장도 목소리를 낼 만도 한데 원래 이명박근혜정권의 공무원 출신이라 그런지 아무런 목소리도 없었고, 익산시의회 의원들조차 성명서 한 장도 내지 않았다.

중고생이 하야 성명을 발표하고, 대학생들이 하야 성명을 발표하고, 출판인들이 하야 성명을 발표하는데도 소위 익산시민들이 뽑아준 대표자들이 자기 의견 하나도 내놓지 않고 있었다. 이는 변화하지 않는 익산 시민들의 마음이 묻어나는 순간들 같다.

필자는 익산에서 익산 시민들의 대표자가 되고자 3번 무소속으로 출마한 사람이다.

"중앙 중심의 정당들은 지역 상황도 모르면서 공천하고 자기 밥그릇만 챙기지 마라!"

우리 익산은 폭발적 에너지가 있는 도시이다.

미륵사와 왕궁 터가 있는 역사의 보고(寶庫)이다.

그리고 전국 1위의 교통중심지이기도 하다.

익산은 전국에서 제일 잘 사는 도시가 얼마든지 될 수 있는 자랑스러운 도시이다. 그러나 그동안 우리 시민들이 뽑아준 국회의원들이나 시장들이 익산을 발전하지 못하게 한 당사자들이다.

아무리 나라가 혼란스러워도 지금도 국회의원들이나 익산시장은 익산역 민자역사 재추진 방향을 설정하고, 미륵사지와 왕궁 터 개발을 위한 모임이나 세미나를 개최하며 익산의 미래를 기획하고 계획하여야 한다. 그럼에도 아무런 소리가 없다.

미래는 준비하는 자의 몫이다.

지금처럼 아무런 준비를 하지 않고 기도만 한다고 해서 익산시가 발전하는 것은 아니다. 새로운 인물, 새로운 리더십, 새로운 기획 등이 아우러져야 익산의 미래는 보장된다. 혼란기일수록 공격전(攻擊戰)보다는 진지전(陣地戰)을 펴야 한다.

다시 말하여 무엇인가를 하려고 하는 것보다는 무엇인가를 전략과 전술을 짜듯이 지금은 진지전을 구상해야 한다. 그리고 새 정부가 들어서면 바로 공격 대형으로 바꾸어 새로운 청사진을 밀고 나가야 할 때이다.

인물을 보자

앞으로는 '정당' 그런 것 따지지 말고 인물을 보고 선택하여 익산시가 다른 도시보다 잘 살 수 있는 도시를 만들자. 현재와 같이 중앙 중심으로 계속 진행된다면 익산시는 계속 더 후퇴하게 된다.

익산시도 현재의 시민대표들을 갈아치우면 겨울이 가고 봄이 오듯 새 인물이 나오게 되어 있다. 현재와 같은 난국에는 강력한 리더십과 강력한 이미지의 국회의원, 그리고 강한 드라이브를 할 수 있는 익산시장이 반드시 필요한 시점이다.

그리고 우리 국민들은 강력하고 청렴하며 국민을 위한 리더십 있는 사람을 대통령으로 뽑을 것이다. 그러면 우리 익산시는 거기에 대비하여 새 정부에 맞는 사람들을 익산의 수장으로 바꾸어야 한다. 지금처럼 심약한 사람들을 익산의 대표로 뽑아서는 절대로 안 된다.

새 정부 구성에 맞는 적임자를 익산시민들이 미리 생각하고 익산의 미래를 준비하는 익산시민들의 자랑스러운 모습을 보여주자. 우리 익산은 매우 바쁘다. 빨리 달려가야 한다. 너무 할 일이 많은 곳이다. 흐지부지한 리더들은 이제 그 자리를 내려놓아야 한다.

따라서 필자는 현재 상황을 진지전 대형으로 바꾸고, 새로운 여러 가지 익산시의 청사진을 연구하고, 그것을 시민에게 묻고, 또 연구하고, 다시 시민들에게 묻는 기획을 하여 새로운 계획을 완성한 후 새 정부를 맞아 다른 도시보다 먼저 우리의 청사진을 펼쳐 가는 자세가 준비되어 있어야 한다.

익산역 민자 역사 재추진, 미륵사와 왕궁 터 복원, 그리고 익산시의 정원화 구상 등 많은 돈이 필요하다. 익산역 폭발사고를 익산의 발전에 활용할 수 있는 보상권 구상 등은 반드시 익산을 풍요롭게 할 것이다.

호남은 항상 역사에서 진보를 담당하여 왔다!

그리고 역사를 변혁하여 왔다. 동학농민전쟁, 광주학생운동, 4.19 혁명의 도화선 남원의 김주열 열사, 5.18민중항쟁 등 항상 역사의 중심에 있었다.

5.18 당시 광주

우리 고을 자랑을 하고 싶다(1)

익산에는 백제의 왕궁이 있다. 바로 위덕왕(재위 554~598)과 무왕(재위 598~641) 시절의 수도이다. 백제는 고구려나 한나라보다 크고 넓은 아시아 최강의 국가였으며 고구려 시조 주몽의 아들 온조가 세운 나라가 아니고, 부여왕의 첫째 아들 비류가 세운 나라이다. 이 부분은 역사왜곡이다. 따라서 비류 백제설이 더 근거가 있다.

또한 백제는 22담로를 둔 아시아 최강국이었다. 22담로란 일종의 왕조이다. 중국으로 말하면 제후국(諸侯國)에 해당한다. 다시 말해 백제가 22개 나라의 큰 황제국이었다는 의미이다. 25대 무령왕(재위 501~523)과 26대 성왕(재위 523~554) 때 과거 백제를 재건했다는 말이 나오고, 한강유역을 회복한 후에는 나라 이름도 부여국(大餘國)으로 바꾼다. 즉 백제는 부여의 민족임을 강조한 것이다. 다시 말해 온조가 세운 나라가 아니라 비류가 세운 독립된 후손임을 알 수 있는 대목이다.

백제는 드넓은 해안 강국이었다. 이는 많은 역사서에서 증명되고 있다. 그리고 의자왕(재위 641~660)이 예식진(禰寔進, 615~672)의 반란으로 사로잡혀 항복하게 될 때까지 아시아 강국을 그대로 유지하였다. 『백제부흥운동사』, 또 『일본서기』 등을 보면 일본 담로가 2천여 척(1천여 척이란 기록도 있음)을 보내어 당나라와 치열하게 싸운 기록이 있다. 이는 백제가 고구려나 당나라보다도 강국이었음을 증명하고 있다.

이런 강국의 대한민국이기에 고구려의 기상과 백제의 드넓은 꿈을 우리는 가슴에 안고 익산을 중심으로 다시 세계를 제패해야 한다. 익산은 역사문화의 보물창고이자 거대한 국제사회의 주목을 받을 만한 자격이 있는 도시이다. 일본 아이들이 이리시라는 교통도시를 만들면서 익산 왕도의 유명세는 일시적으로 사라졌지만 이제 다시 일어나 대한민국의 중심도시로 우뚝 서서 세계의 도시로 비약해야 한다.

현 정부가 신(新)남방정책이라 일컫는 섯노 과거의 백제 남하정책을 구(舊)남방정책으로 보고 있기 때문이라고 본다. 현 정부는 바로 백제인의 꿈이 넘치는 남방정책을 통하여 동남아시아를 주름잡았던 백제인들의 드넓은 야망을 다시 일으켜 세워야 한다. 현 정부야말로 호남인이 만들어준 정부 아니던가?

이번 '**COVID-19**'에 대한 지원이 인도네시아에 집중되고 있다. 이 또한 익산시에는 절호의 기회이다. 익산시는 인도네시아 신도시와 이웃 맺기가 어찌되었는지 확인하기 바란다.

또 민주당은 신 남방정책에서 반드시 백제 왕도인 익산을 동남아시아에 알리는 것을 잊지 말아야 할 것이다. 익산시장과 익산 국회의원들은 명심하라! 익산은 아무나 목민관이 되거나 아무나 국회의원이 되어서는 안 되는 곳이다. 백제의 꿈을 펼칠 원대한 사람만이 익산의 리더가 될 수 있다.

우리 고을 자랑을 하고 싶다(2)

백제의 수도 익산

백제는 왜 수도를 우리 익산으로 옮겼을까?

오늘은 왕궁 터에 대한 이야기를 해 보겠다.

이는 요즘 유행하는 유튜브를 찾아보면 쉽게 알 수가 있다. 백제는 해상(海上) 강국이었다. 백제가 한강 이북을 차지했을 때는 주로 중국과 일본을 상대로 무역을 했으나 한강 이북을 고구려에 넘겨준 이후에는 중국 직항로를 개척하였고, 인도, 태국, 베트남, 필리핀, 대만까지 무역이 이루어졌음이 밝혀지고 있다. 또한 22명의 담로, 즉 제후를 둔 아시아 강국이었다.

그리고 멀리 가기 위한 평저선이란 큰 배가 이때부터 만들어졌고, 임진왜란 당시에도 바로 판옥선으로 싸워 일본의 작은 배들을 침몰시켰다고 한다. 판옥선은 배 밑이 판판하다는 의미이다.

그런데 그 백제가 27대 위덕왕(재위 554~598) 때부터 수도를 익산 금마로 이전할 계획을 세우기 시작한다. 그리고 무왕(재위 600~641) 때부터는 미륵사지를 완성하고, 왕궁을 완공한 후 익산으로 천도한다. "무왕은 왜 익산으로 수도를 옮겼을까?" 어느 영화감독께서 이 부분에 대해 궁금증이 많았다.

당시 백제는 과거 26대 성왕이 한강 유역을 빼앗은 신라에 복수하기 위해 군사를 일으켰다. 이때 전쟁에 나섰던 아들(후에 위덕왕)을 격려하기 위하여 관산성(지금의 옥천)으로 가던 중 성왕이 신라의 매복 공격에 사로잡혀 처형당했다. 아들은 이를 두고 평생을 고통으로 살아간다.

이후 백제는 과거의 치욕을 씻을 기회만 엿보고 있었다. 그리고 강력한 군대를 양성하고, 국민들에게 희망을 심어줄 필요가 있었다. 그 방법이 바로 불교를 이용하는 것이었다. 그래서 세계 최대의 웅장한 미륵사를 창건하고, 바로 옆에 또 하나의 커다란(경복궁의 1/3) 현대식 왕궁을 짓게 된 것이다.

당시 신라와 항상 싸웠던 곳은 오늘날의 무주, 남원 지역이었다. 바로 이 전투에 무왕이 전방 군대와 가장 가까운 곳으로 와서 군사들을 서포트할 목적으로 수도를 익산으로 이전한 것이다. 사실 백제는 무왕시대 가장 강력한 군사력을 가지고 있었다. 이는 넓은 해상무역을 통하여 많은 부를 축적할 수 있었기 때문에 가능했다.

하지만 익산 금마 왕궁은 전쟁의 잦은 실패로 오랫동안 수도로 사용할 수가 없었던 것으로 보인다. 결국 무왕이 죽고 의자왕 시대에는 다시 수도를 공주로 옮기게 되는데, 말하자면 수도가 두 곳에 있었다고 할 수 있다. 왕이 필요에 따라서 공주에 있을 수도 있고, 익산에 있었을 수도 있었던 셈이다.

이제부터라도 우리 익산시민들은 과거 찬란했던 백제 왕궁 터에 살고 있다는 자부심을 가져야 한다! 백제의 후손일 수도 있는

우리 익산시민들은 커다란 자부심을 갖고, 웅대한 꿈을 꾸며 우리
고장 익산을 무왕이 꿈꾸었던 세계, 그 웅장하고 원대했던 꿈을
이제라도 이루어 내는 익산시를 만들어 내자! 이제 다시 일어나
정말 익산을 사랑하는 사람이 이 고을의 원님이 되어야 함을 되
새기자!

5.18 당시 광주

우리 고을 자랑을 하고 싶다(3)

익산의 백제유산

지금 익산시민은 세계유산에 빛나는 백제의 찬란한 문화가 웅장하고 화려하게 펼쳐졌던 궁궐 도시에 살고 있다. 이는 우리 익산 시민들의 자랑이며 행운이자 그야말로 세계가 놀랄 만한 일이다. 하지만 현실적 평가는 너무 조악하다. 그렇기에 우리 익산시민들께서 이를 해내야 한다.

전주를 봐도 광주를 봐도 익산만큼 왕궁이라는 대단한 문화유적이 있는 장소는 없다. 충청과 호남의 중심지였고, 한때는 백제의 수도였던 익산은 황제의 기운을 받고 있는 특별한 도시라고 하지 않을 수 없다. 따라서 옛 왕궁 터와 미륵사지를 제대로만 개발하면 경주만큼 세계적인 역사 문화 관광도시로 발돋움할 수 있는 곳이다.

백제는 일본 아스카지역을 지배하였던 해상(海上) 강국이었고, 백제 황제는 부여(夫餘, 부여 서씨를 그 후손으로 보고 있음) 씨로 고구려와 함께 정통 한민족(韓民族)이었다. 백제 멸망 당시 백제는 일본에 구원을 요청하자 전함 2천여 척을 파병하였다. 그리고 백강전투(白江, 지금의 고창 또는 동진강 유역)에서 최초의 극동아시아 국제 해전이 있었다. 비록 당나라 해군에게 패하였지만 백제가 얼마나 강성한 국가였는가를 보여준 대목이다.

이런 백제의 역사적 웅장함을 다시 복원하기 위해서는 돈이 필요하다. 하지만 정부에 매달리며 쥐꼬리만 한 예산만 가져오는 일은 너무 힘도 들고, 시간도 많이 걸린다. 따라서 필자는 첫 번째로 과거 1977년 이리역 폭발사고 피해보상금을 정부와 KTX, 그리고 한국화약에서 받아내자는 이야기이다. 아마 2조원 정도는 받아낼 수 있다고 생각한다. 물론 정부에서 별도로 예산을 가져오는 것도 병행해서 해야 한다.

환경재난을 기회로 삼자

두 번째로는 낭산 폐석산과 장점마을 환경피해를 재난지역에 맞먹는 곳으로 선정하게끔 하자는 것이다. 국제적 망신을 당하는 한이 있더라도 환경문제는 결코 망신이 아니다. 아픈 곳은 자꾸 알려야 한다. 그리하여 정부에서 많은 보상금을 받아낼 수 있도록 특별법도 만들고, 특별조사위도 만들어 주민들이 살 수 있는 환경을 만들어야 한다.

물론 이리역 폭발사고 희생자들도 배상해주고, 의사자로 인정받도록 해야 한다. 환경피해지역은 원상 복구되어야 한다. 또한 환경 피해 마을도 또 개인들도 그에 상응하는 배상이 주어지도록 해야 한다. 그렇게 모든 일이 마무리되면 최대한(2년 이내) 익산시는 환경문제에서 성공한 도시로 홍보될 것이고, 또한 익산시는 스스로 확보한 재원으로 왕궁터와 미륵사지를 개발할 수 있다.

물론 익산시가 돈을 벌면 국가에서 환수해 갈 수도 있으니 특별법에 그에 대한 금지도 포함시켜야 한다. 익산시가 돈이 생기면 그 돈은 왕궁터 복원비와 공사비에 투입되어야 한다. 그러면 그 돈은 당연 익산시민들의 호주머니로 들어갈 수 있을 것이라고 필자는 판단한다. 동시에 교통의 요지라는 점을 최대한 활용해야 한다. 따라서 관광객을 위한 익산역 복합청사 신축도 종합 버스터미널과 함께 병행해야 할 것이다.

또 익산시는 수익이 확보되면 반값 아파트가 아닌 반에 반값 아파트를 양산할 수 있다. 왼쪽 창문을 열면 멀리 미륵산과 미륵사가 보이고, 뒷 창문을 열면 배산이 보이고, 오른쪽 창문을 열면 멀리 왕궁이 보이는 그런 익산광역시를 만드는 건 우리 익산시민들의 몫이다. 군산을 흡수하고, 삼례를 흡수하고, 강경을 흡수하면 충분히 가능하다.

이제 익산시는 특례시나 광역시를 꿈꿀 수 있다. 102층짜리 고층 건물은 오히려 익산광역시에 걸맞지 않을까? 전북도청은 익산광역시에 필요 없다. 혁신 도시는 정부가 만들어 주는 것이 아니라 우리 익산민중들이 만들어 가는 것이다. 한글도 세종대왕은 정리 및 반포자일 뿐이고, 창제자는 국민들이었다.

또한 옛날부터 고을에서 좋은 원님을 만나는 건 그 고을의 행운이었다. 우리 익산은 아직 좋은 원님을 만나지 못했다. 익산의 부(富)와 활력을 만들어줄 원님을 우리 손으로 만들어야 한다. 정당을 보고 투표하지 말고, 전략적으로 인물과 지역발전을 위해서 누가 적임자인지를 꼭 살펴보고 투표하는 습관을 갖자. 그것이 시민이 해야 할 몫이고 사명이다. 사명이란 중요한 것 같으면서도 사소한 것에서 시작해야 한다. 그것이 민주화 이 땅에서 시민이 가져야 할 주인 의식이다.

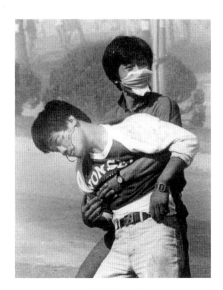

이한열 열사

2022년 대선과 지방선거 캠페인(1)

촛불 이전과 촛불 이후는 달라져야 했다!

그러나 익산은 달라지지 않았다. 그래서 익산의 지식인들에게 호소한다.

2022년에는 대통령선거와 지방선거가 동시에 있는 해이다.

아마 '코로나19'에 의하여 익산에도 커다란 변화가 올 것임은 틀림없다. 하여 특히 100여 명이 넘는 익산의 언론인들에게 통곡의 소리로 부탁한다.

요즘 「더민주당」 한병도 의원을 중심으로 한 세력들(?), 소위 보수 세력들이 현 정헌율 익산시장을 낙선시킬 계획을 가지고 벌써부터 움직이기 시작했다는 상황이 포착되고 있다. 그리고 정헌율 익산시장도 벌써 지방선거를 준비하고 있음이 감지되고 있다. 신천지 개입설에 대한 반론이 그것을 의미한다.

「더민주당」 한병도 의원이 익산시장으로 선택한 후보는 지난번 낙선한 1978년 22회 행정고시 합격자 강팔문 씨로 확인되고 있다. 강팔문 씨는 현재 새만금개발공사 이사장으로 재직 중이다. 그가 고시에 합격한 1978년도는 박정희 유신독재가 막판을 달리며 긴급조치 9호를 발동하고 민주화운동가들을 사형까지 시키던 살벌한 시기였다.

이런 출신자를 소위 「더민주당」 한병도 의원이 익산시장으로 내정해 놓았다는 소문이 벌써부터 파다하다.

살인마 전두환 시대 1980년 행정고시에 합격해서 꽃길을 걸은 정헌율 익산시장과 1978년에 독재자 박정희 시대 행정고시에 합격해서 꽃길을 걸은 사람 중 누가 더 나쁜 사람일까? 아니면 누가 정의로운 사람일까? 참고로 당시에는 고시에 응시만 해도 부끄럽게 생각하는 시대였다. 그게 양식 있는 지식인의 자세였다.

독립운동가 후손은 3대가 멸하고, 친일파 후손은 꽃길을 걷는 이 땅을 필자는 개혁하고 싶다. 바로 이것이 필자가 박원순을 지지하는 이유이다. 나쁜 역사는 반복된다는 말이 있다. 독재에 협력한 인간들은 꽃길을 걷고, 민주화운동가들은 3대가 멸하는 역사가 반복되고 있다.

누가 '기자자격증'을 주었는지는 모르나 여기에 협력하고 부역하는 익산 언론인들도 명심해야 할 것이다! 여러분 가슴에 뜨거운 조국사랑이 아주 조금이라도 남아 있다면 이런 나쁜 일에 앞장서지 말 것을 간곡하게 부탁드린다. 그것이 정도(正道) 아니겠는가? 그것이 언론인의 책무가 아닐까?

2022년 대선과 지방선거 캠페인(2)

이번 총선에서 전북 사람이 잘못한 것에 대해 분명하게 짚고 넘어가야 한다. 나쁜 역사는 되풀이된다. 첫째로 잘못한 일은 익산 이춘석 의원을 낙천시키고 후보를 바꾼 것이고, 둘째는 전주 정동영 후보를 낙선시킨 일이다.

전북은 우리나라에서 가장 작은 지방이다. 특히 김종필이 금산군과 연무읍을 충청남도로 편입한 이후에는 더 더욱 작은 도(道)가 되었다. 이렇게 작은 곳에서 김원기 국회의장을 배출했고, 정동영 대통령 후보를 배출했으며 이춘석 의원까지, 어찌 보면 대단한 곳이기도 하다.

도청을 익산으로 옮기겠다고 한 공약을 믿고 김수흥 후보를 지지한 건 아닐 것이다. 「미래통합당」이 올바르지 못했다고 생각한 호남인의 몰표였다. 그렇다면 굳이 3선 의원을 낙천시킬 필요가 있었을까? 180여 명이 넘는 「더민주당」 의원 중에서 초선인 김수흥이 신천지 말고 뭘 한단 말인가?

도청을 익산으로 옮긴다는 공약도 군사독재자 전두환+노태우 시절 고시에 합격한 영향으로 보인다. 여론 수렴 없이 막 던진다고 되는 건 아니다. 독재시절에도 도청소재지 옮기는 일은 그리 쉬운 일이 아니었다. 어찌했던 이춘석 후보를 낙천시킨 건 천만번을 생각해도 잘못된 선택이었다.

　답답하고 한심한 선택이었다고 생각한다. 그리고 전북 홀대론을 말할 자격이 있는지 묻고 싶다. 같이 사는 부부도 몇 년이 지나면 싫어지고 피곤해진다. 그래서 싸우고 헤어지기도 한다. 그럴진대 힘 있는 국회의원 한명 만들기가 그리 쉬운가 말이다. 조배숙 의원도 4선이 되어서야 일을 많이 할 수 있었다.

　이제 2022년 대통령선거와 지방선거에서는 정말 우리 전북과 익산에 이익이 될 수 있는 그런 사람을 뽑아야 할 것이다. 어쨌든 우리 익산은 향후 2년간은 반성의 기회로 삼자. 대통령도 잘 뽑고, 시장도 잘 뽑았으면 한다. 특히 독재시절 행정고시나 입법고시 합격자는 이제 Cut Off 시키자.

5.18 당시 광주

2022년 대선과 지방선거 캠페인(3)

호남인의 지혜가 엿보이는 선거였다.

호남은 21대 총선에서 화끈한 모습을 보여주었다. 대통령을 지지한다는 강력한 메시지이다. 그러나 총 득표율이 겨우 8.4% 더했다고 완승한 건 아니다. 2년 후 대통령 선거에서 민주당이 대통령선거나 지방선거에서는 참패할지도 모른다. 독재를 견제하기 위해 호남인들의 날카로운 표심이 발휘될 수도 있다.

그리고 이번선거에서 묻지 마 투표를 하다 보니 독재정권에 협력했던 자들에게도 빼지를 달아주는 과오를 범했다. 물론 공천은 민주당이 했지만 지금 우리는 또다시 비겁한 역사를 쓰고 있는 건 아닐까? 김대중 전 대통령께서는 "민주주의는 공짜로 얻어지는 것이 아니다"라고 말했다.

이번 김수흥 국회의원은 1978년 이한열 열사가 민주주의를 외치다 죽어갈 때, 또 1991년 강경대 열사가 죽어갈 때 어딘가에서 숨죽이고 입법고시를 준비한 후 1990년 5,6공 세력 박준병 국회의장시절 고시에 합격한 사람이다. 현재 익산시장 정헌율은 1980년 5월18일 광주학살이 있은 해 행정고시에 합격하여 꽃길을 걸어온 사람이다.

결론은 이번 선거는 대통령에게 힘을 실어주기 위한 선거였지

민주당을 지지하는 선거는 아니었다. 하지만 2022년 지방선거에서는 익산의 주체성(Identity)을 보여줄 때이다. 필자는 군부독재 협력자나 친일파 후손들이 우리 고을의 원님이 되어서는 안 된다고 생각한다. 또한 2022년 3월 9일에는 대통령 선거가 있다.

그리고 2022년 6월 1일에는 익산시장과 시의원, 도의원을 뽑는 선거가 있다. 여기에 독재자 박정희 시대에 1978년 행정고시로 꽃길을 걸은 강팔문이 민주당 익산시장 후보로 나온다는 소문이 파다하다. 하지만 이제 독재를 등에 업고 출세하는 일은 정헌율 시장과 김수흥 당선자로 끝내야 한다.

다음 지방선거는 2022년 5월 9일 대통령 취임식이 끝나고 바로 5월 15일부터 후보등록을 시작해서 6월 1일에 선거가 실시된다. 다시 말하면 선거 중에 '5.18 민중항쟁 42주년 기념식'이 있다는 이야기이다. 새로 취임하는 대통령은 바로 여기에 참석할 것이고, 호남은 다시 새로운 민주주의를 쓰게 될 것이다.

5.18 당시 광주

2022년 대선과 지방선거 캠페인(4)

문재인 대통령 지지도가 60%를 넘었다.

이는 이번 '코로나19' 대처 방법에서 전문적 지식을 갖춘 방역팀을 믿었기 때문이다. 또한 날로 상승하고 있는 국민들의 의식수준 때문에 '코로나19' 대처능력이 성공을 거두고 있는 거라고 생각한다. 대한민국 국민은 이제 세계 1등 국민이 되었다고 본인은 자부한다.

그렇다면 2022년도 대통령선거와 지방자치선거에서도 정말 1등 국민으로서 친일잔재와 군사독재잔재를 말끔하게 씻어내는 나라로 계속 전진해야 한다. 이번 21대 총선처럼 군사독재시절 행정고시나 외무고시, 입법고시로 출세한 사람들이 다시 당선되어 꽃길을 걷게 하는 일은 없도록 해야 한다.

바로 4.19혁명과 5.18, 그리고 6.10항쟁과 촛불혁명을 거치면서 대한민국은 이제 세계의 중심국가로 우뚝 서서 나가고 있다. 민주주의를 바탕으로 성장한 K-POP을 비롯한 문화산업에서 4차 과학혁명기술까지 전 세계가 대한민국의 발전을 부러워하며 주시하고 있다. 때문에 이제 군사독재시절 고생했던 사람들을 전진 배치해야 한다.

반대로 제국주의적 군사문화가 남이 있는 일본을 비롯한 다른 선진국들은 우리가 생각했던 그러한 선진국이 아님이 증명되고 있다. 바로 스스로 이룩한 민주주의가 이식된 민주주의보다 더더욱 발전한다는 것을 보여주는 대표적인 나라가 대한민국이다.

특히 나이 드신 분들 정신 차리셔야 한다. 그래도 카메라는 일제가 좋다. 자동차는 독일차나 일본차가 좋다. 의료기구는 독일이나 미국 것이 좋다고 생각하시는 분들 많다. 하지만 이제 어느 분야에서도 일본이나 미국, 독일에게 밀리는 분야는 없다.

이번 '코로나19' 키트는 인공지능으로 변화하는 바이러스를 주기적으로 분석하여 키트를 생산하는 날짜에 따라서 검사약품을 변화시켜서 생산하는 최고의 기술을 보여주고 있다. 또한 인터넷 강국만이 할 수 있는 온라인 강의는 전 세계인을 경악하게 하고 있다. 거기다 평화적 나눔까지 세계 최강, 최고라는 말이 그냥 나온 것이 아니다.

물론 아직도 부족한 부분은 있지만 좀 늦을 뿐이고, 곧 앞서게 될 것이다. 과거 백제시대에는 배를 잘 만드는 아시아 최강국이었다. 또한 몇 년 전 자료 분석에 의하면 조선 영조와 정조시대에는 당시 세계에서 가장 잘 살았던 영국(엘리자베스 시대) 다음으로 세계 2번째로 국민소득이 높았던 민족이었다.

2022년 대선과 지방선거 캠페인(5)

1등 선진국 대한민국!

브랜드순위 1등 도시로 익산시를 만들자!

우리 나라는 영조와 정조 시대16)에는 영국(엘리자베스 여왕시대) 다음으로 세계에서 2번째로 잘 살았던 1등 국가였다고 앞에서 말한 바 있다. 또한 고구려 19대 광개토대왕(재위 391~413) 시대에는 동아시아 최강국이었다. 역시 백제 13대 근초고왕(재위 346~375)과 무령왕, 위덕왕, 무왕, 의자왕 시대에는 동아시아 최강의 해상 강국이었다.

바로 우리 익산은 백제 무왕 시대의 왕도(王都)가 있는 너무 유서 깊은 최고의 도시이다. 때문에 개발 여하에 따라서 브랜드 가치 1등 도시로 수직 상승할 수 있다. 그리고 인심도 매우 좋다. 거기다 농업과 공업, 상업, 교육, 교통 도시이기에 익산역에 최상의 주상복합청사만 지으면 익산역 주변과 익산 전체는 부를 나눌 수 있다.

그리고 신흥정수장은 언제든지 보기 좋은 호수 공원으로 만들

---

16) 1734년~1800년 정조가 사망할 때까지를 이른다. 오늘 날 발견된 당시 사람들의 골격을 보면 이조 500년 역사 중 신장이 가장 컸다는 게 최근 알려졌다.

수 있고, 터질목에서 어양동 농수로로 나오는 수로는 서울 청계천처럼 만들 수도 있다. 또한 쓰레기로 난립된 부송동 소류지는 호수로 개발이 가능하다. 거기다 팔봉 골프장과 쌍능을 연결해서 구릉지 잔디산을 만들면 얼마든지 훌륭한 시민공원이 될 수 있다.

원광대학교 뒤쪽 허리다리 밑으로 흐르는 농수로와 금강정수장 옆으로 흐르는 농수로는 수도산과 동이리, 그리고 버스터미널까지는 역시 아름다운 놀이뱃길로 이용할 수 있어 동산동은 물론이고 주현동과 구(舊) 도심이 소생할 수 있다. 또한 금마 소류지와 함라 금곡 저수지, 송천리 저수지, 왕궁 저수지는 개발만 잘 하면 아름다운 휴식처가 될 수 있다.

웅포나 황등, 함라, 함열, 용안, 여산, 삼기, 낭산, 오산 등 어느 곳이나 아름다운 카페를 만들 만한 장소가 무척 많다. 그런데 이런 일을 하려면 고정적이고 보수적 사고에 멈춰 있는 공직자 출신보다는 진취적이고 진보적이며 공격적인 시장을 만나야 하고, 그리고 그러한 시의원과 도의원, 국회의원이 선출되어야 한다.

호남은 독재정권 이후부터 진보적 지역이 되었다. 하지만 그동안 진보적인 사람을 국회에 보내거나 익산시장으로 선출하지 못했다. 오히려 보수적인 '미래통합당' 성격의 후보자들이 민주당 옷만 입으면 깊은 생각 없이 투표하였다. 왜 그랬을까? 하지만 우리는 이제 우리 익산의 Identity(주체성)를 찾아가야 할 때이다.

생각해 보니 박원순 서울시장처럼 진보적인 시장이나 시의원, 도의원, 국회의원을 선출해서 익산을 맡겨 본 적이 단 한 번도 없었다. 그러나 이제는 우리 익산시민들이 원하는 진보적인 후보를 선택하여 행복한 도시를 만들 생각을 해야 한다. 따라서 앞으로 익산의 지식인들이나 언론인들이 앞장서서 시민들에게 알리는 일을 해야 한다.

익산은 지금도 누구나 눌러앉아 살기 좋은 도시이다. 텃새가 없으며 외부인들을 잘 수용하는 도시이다. 익산시 언론사 100여 곳 중에서 익산 출신이 운영하는 언론사는 몇 개 안 된다. 그만큼 익산시는 누구나 능력만 있으면 인정하는 도시이기도 하다. 익산은 어두운 부분보다는 밝은 부분이 많은 도시이다.

1987년 영등포구치소에서

1987년 구로구청사건

1987년 12월 24일 강서경찰서에서 수사를 마치고 구로구치소로 감치되었다. 역시 혼자만 있는 독방이었다. 독방은 언제나 썰렁하다. 그래도 1980년 5.18 당시 광주육군형무소나 광주교도소보다는 시설이 좋은 편이었다. 바람은 들어왔지만 먹는 게 많이 나아져 있었고, 담요도 괜찮았다. 하지만 나아졌다고 해서 호텔처럼 좋아졌다는 의미는 아니다.

잡혀 온 이유는 이렇다. 1987년 5월경 김근태 선배의 『남영동』 고문기록을 출간하고 도망 중에 있었다. 또 '남노련' 수괴 최규엽을 은닉했다는 이유로 수배 중에 있었다. 이때 어떻게 언론사 기자와 연락이 되었고, 그 기자가 바로 『남영동』 책을 소재로 기사를 쓰겠다고 하였다. 그래서 플라자호텔 커피숍에서 미팅약속을 하였다.

하지만 그 호텔 커피숍에는 이미 잠복형사가 배치된 상태였다. 나는 그동안 촉감을 살려 간신히 체포를 면하였고, 그렇게 도망 다니기 몇 개월 후 직선제 개헌이 되고 12월 18일 대통령 선거 날이 되었다. 그런데 운명적으로 구로구청에서 부재자 부정투표함이 뒤바뀌어서 개표장으로 옮기는 사건이 발생한 것이다.

다시 말하면 3.15 부정선거처럼 부정선거가 일어난 것이다. 이게 시민들에게 발각되어 구로구청 일대는 아수라장이 되었고, 전국에서 부정선거를 규탄하는 시민들이 몰려들기 시작하였다. 물론 나도 구로구청으로 달려가지 않을 수 없었다.(얼마 전 검표결과 부정투표함이었음이 확인된 사건이다.)

그러나 24시간이 지나자 날씨는 꽁꽁 얼어붙는 강추위가 몰려왔다. 그리고 그날 새벽녘에 백골단이 물대포와 최류탄발사기로 물과 최류탄을 연발로 쏘아대면서 쳐들어왔다. 물대포와 최류탄은 영하 7도가 넘는 추위에서 구로구청 옥상을 물과 얼음으로 만들어 버렸다. 옥상으로 쫓겨 올라온 부정선거 항의 시위대는 완전히 독 안에 든 얼어붙은 쥐였다.

옥상에는 키 작은 여학생부터 60대가 넘는 노인까지 그야말로 아비규환이었다. 그리고 거기에서 곤봉으로 두들겨 맞으며 체포된 사람들은 서울시내 경찰서로 분산 수용되었다. 후에 알게 되었지만 진압 당시 서울대학교 학생 양원태 군이 4층에서 떨어졌다. 그리고 그는 지금까지 반신불구로 살고 있다.

이 사건은 무려 1천여 명이 넘게 구속되는 초유의 사건이었다. 물론 그 속에는 본인도 있었다. 하지만 난 수배자였고, 5.18이라는 전과가 있었기에 혹독하게 조사를 받았다. 머리가 모두 뽑히고 잠을 재우지 않는 고문이 계속되었다.

그리고 조사가 끝나고 거의 실신이 되어 구로구치소로 구치가 되었다. 1천여 명이 구로구치소로 잡혀왔으니 교도관들도 정신이 없었을 것이다. 그래서 그랬는지 그렇게 매질을 하였다. 수사 후에 성치 않았던 사람들도 그 형편은 같았다. 나는 중요임무종사자로 분류되어 독방에 수감되었다.

반성문과 출소

그런데 매일 소란스럽던 어느 날 아침 갑자기 교도소가 조용하였다. 이상해서 교도관에게 왜 이리 조용하냐고 물었으나 대답은 않고 독방 철창을 몽둥이로 쳐대며 조용하라고 윽박질렀다. 참으로 이상하였다. 그런데 나를 포함하여 9명 정도만 남고 모두 훈방을 했다는 소식을 이틀 후에 들을 수 있었다.

정말 놀라웠다. 모두가 반성문을 쓰지 않으면 훈방도 가석방도 불가능한 전두환 독재시대였다. 그리고 모두가 반성문을 썼다는 사실을 안 뒤부터는 용기도 나지 않았고, 또한 교도관들이 너희들도 별것 아니라는 시선으로 함부로 대하기 시작하였다. 하지만 나는 그들과 맞서서 싸우며 교도소에서도 투쟁을 계속하였다.

검찰 조사도 거부하였고, 재판도 거부하였다. 나는 결국 1년 6개월이라는 징역형을 선고받았다. 그러나 정말 모든 동지를 잃어버린 허망감은 이루 말할 수 없었다. 그렇게 많은 사람들이 '동지가'를 부르며 함께 죽고 함께 살자던 사람들이 흔적도 없이 사라졌을 때의 절망감이란 뭐라고 할 말이 없었다.

당시 군대생활을 했던 사람들은 기억할 것이다. 투표를 하고 상사에게 먼저 보여주고 부재자우편을 보냈던 사실을 기억할 것이다. 강압적인 상황을 겪어본 사람들은 나의 심정을 알 거라고 믿는다. 하지만 현실은 그렇지 않다.

요즘 다시 그때와 같은 절망감을 가끔은 느낀다. 뭔가 혼자만 진혼곡을 울리는 것처럼 민주주의를 외치고 있다. 그 많던 민주투사들은 어디로 갔는지 모르겠다. 거기다가 냉소적인 소리도 많이 듣는다. 민주화운동 한 것이 무슨 벼슬이라도 되느냐고 따지고 드는 사람도 있다. 이제 옛날이야기 그만 하라는 사람도 많다.

하지만 나는 지금도 고집스럽게 그들을 원망하지 않으며 벌써 30여 년을 넘게 잘 살아가고 있다. 물론 그 뒤에도 낙천낙선운동을 하다가 또다시 교도소에 가게 되었지만 후회해 본 적은 없다. 다만 존경은 하지 않아도 된다. 제발 변절하라고 하지 말았으면 한다. 나는 앞으로도 재야운동을 할 것이고 계속해서 정치에 간섭하며 살 것이기 때문이다.

1987년 구로구청 사건

구로구청 사건을 아시나요?

31년 전 투표함 노태우 72.4%

제13대 대통령선거에서 부정선거 의혹으로 개봉되지 못했던 서울 구로구 을(乙) 우편투표함이 29년 만에 개봉됐다. 이를 「한겨레신문」과 여러 언론사 것을 짜깁기하고 실제 당시 현장에 있었다가 구속된 바 있는 필자의 생각을 합하여 글을 써보았다.

개봉 결과 예상외의 결과가 나왔다. 1987년 13대 대통령 선거 결과는 노태우 36.6%, 김영삼 28%, 김대중 27%, 김종필 8.1%의 표를 받아 노태우 민정당 후보가 대통령에 당선되었다. 그런데 구로구청 투표함에서는 노태우 72.4%, 김영삼 9.3%, 김대중 13.3%, 김종필 3%였다.

노태우의 득표수가 전국 득표율의 무려 두 배 넘게 나왔다는 점에서 「중앙선관위」와 「한국정치학회」는 앞으로 「국립과학수사연구소」를 통한 과학적 검증과 함께 당시 사건에 참여했던 관계자들의 구술자료들을 확보해 추가적인 조사와 연구를 계속해 나가겠다며 향후 일정에 대해 설명했다.

당시 노태우 텃밭인 대구지역도 득표율이 70%선에 머무르고 있다. 그런데 어떻게 구로구지역에서 72.4%라는 높은 표가 노태우에게 나올 수 있는지 이해할 수가 없는 상황이다. 이제 투표함은 열렸고 이런 상황이 박근혜 당선에서도 있었을 수도 있다. 전자개표 역시 믿을 게 되지 못한다. 투표함 이송과정도 면밀하게 감시해야 한다.

이날 열린 투표함은 지난 1987년 12월 18일부터 이날까지 개표되지 못한 채 「중앙선거관리위원회」 수장고에 보관돼 왔었다. 그 이유는 당시 「구로구을지구 선관위」 관계자가 투표시간이 끝나기 전 부재자 우편투표함을 개표소로 옮기려 하자 이를 부정투표함으로 인식한 시민들이 투표함을 빼앗고 관련 서류들을 불태웠기 때문이다.

선관위는 서류들이 사라진 데다 투표함의 표기 당락에 영향을 미치지 않는다고 판단, 해당 표를 무효로 판정하고 선거결과를 발표했다. 하지만 그 이후 부정투표에 대한 의혹이 지금까지 계속해 제기돼왔다.

당시 이 사건으로 3일간 경찰의 무자비한 진압이 있었고, 양원태 동지 등 많은 사람이 다쳤다. 뿐만 아니라 1,000여 명이 강제로 잡혀갔으며, 전두환의 직접적인 지시로 수사과정은 폭력으로 일관되었다. 그리고 무려 5.18 광주민중항쟁 이래 가장 많은 사람이 구속되었다.

의혹을 풀기 위한 현장에서 제기된 의혹

투표함 개함은 이날 오전 9시 30분쯤 행사를 주관한 강원택 한

국정치학회 회장이 개함·계표 시작을 선언함으로써 봉인됐던 진실을 밝히기 위한 절차가 시작됐다.

하지만 투표함을 열기 전 김남이 중앙선거관리위원회 선거기록보존소장이 당시 상황에 대해 설명하는 과정에서 일부 참관인들이 투표함에 대한 의혹을 제기하면서 행사가 잠시 중단됐다.

1987년 당시 서울대학교 학생대표로 이 사건에 참가했다고 밝힌 「구로구청부정선거항의투쟁동지회」(구로항쟁동지회) 소속 사무국장 박성준 씨(51)가 "당시 경찰이 투표함을 가져갔는데 어떻게 투표함이 중앙선관위로 다시 이송됐는지 선관위가 충분히 설명하지 않고 있다."고 말하며 행사 진행을 가로막았다.

그는 또 "한국정치학회가 어떤 권한을 가지고 투표함을 개함하는 것이냐?"며 "선관위가 정치학회를 내세워 실질적으로 행사를 주관하면서 일종의 쇼를 하고 있다."고 주장했다.

구로항쟁동지회는 투표함과 관련된 당시 13대 대통령선거 전반에 부정투표 의혹을 밝혀야 한다며 그동안 투표함 개봉을 반대해왔다. 선관위 관계자들이 박 씨를 제지했지만 박 씨가 고성을 지르는 등 계속해 문제를 제기해 행사가 10여 분가량 지체되기도 했다.

차분히 마무리된 개표, 추가적 조사 계속 필요해

소란이 계속되는 가운데 선관위는 행사를 속개했고 마침내 오전 10시 12분 투표함의 겉 뚜껑이 열렸다. 30여 년간 굳게 잠겨

있었던 자물쇠가 절단기에 의해 3초도 되지 않아 손쉽게 잘려나
갔다.

이후의 일정은 계획된 대로 진행됐다. 겉 뚜껑에 이어 안 뚜껑
의 자물쇠가 열리고 투표지를 담은 회송용 봉투가 5개의 바구니
에 나뉘어 계표사무원들의 앞으로 분배됐다. 회수용 봉투의 수는
4,325개로 사전에 파악한 수와 일치했다.

오전 10시 55분쯤 회수용 봉투가 개봉되고 계표사무원들의 손
이 바빠지기 시작했다. 계표사무원들은 회수용 봉투 안에 들어 있
는 속 봉투를 꺼내 다시 수량을 확인하고 투표지를 분류하기 시
작했다.

차분한 분위기에서 진행된 계표는 오후 1시 50분에 종료됐다.
계표 결과 4,325명 중 3,133명이 기호 1번 노태우 당시 「민주정
의당」 후보를 찍었다. 이어 3번 김대중 「평화민주당」 후보는 575
표, 2번 김영삼 「통일민주당」 후보는 404표, 4번 김종필 「신민주
공화당」 후보는 130표 순으로 나타났다.

그러나 그해(1987년 12월 18일) 대통령 선거 결과는 노태우 부정
당선이었다. 대구 경북지역보다 높은 득표율이 구로구에서 나왔다
는 사실만으로도 전두환과 노태우의 합작 부정선거임이 드러난
것으로 봐야 한다.

나는 평생 빚을 지고 살아가고 있다(1)

서울대학생 양원태를 기억하시나요?

나는 평생 빚을 지고 살아가고 있다. 영화 「1987」이 드디어 1,000만 명을 돌파하였다고 한다. 그러나 이런 뉴스에 고맙기도 하지만 늘 빚을 지고 살고 있다고 생각한다. 그해 박종철, 이한열 등의 가슴 아픈 죽음이 있었다. 6.29 항복 선언과 직선제 개헌, 그리고 DJ와 YS의 분열로 정국은 혼란에 빠졌다. 그런 와중에 대통령선거가 실시되었다.

오늘 날씨가 춥듯 이보다 더 유난히도 추웠던 그해 12월, 전국 개표결과는 노태우의 승리였다. 하지만 구로구청에서 군부재자 투표함을 시민들이 온몸으로 가로막고 있었기 때문에 개표 종료를 선언할 수가 없었다. 이런 투쟁정신은 바로 5.18 정신의 연장선상에 있는 것이었다. 이때 개표 종료를 선언해야 선관위에서 당선을 확정지을 수 있는 상황이었다. 이에 농성 사흘째인 12월 18일 경찰은 백골단을 앞세워 무자비한 진압을 단행하였다.

이때 수많은 사람이 다치고 무려 1천여 명이 연행되었다. 1980년 5월을 상상케 하는 사상자가 발생하였다. 그리고 1,000여 명이 연행되고 200여 명이 구속되었다. 이런 무자비한 경찰의 진압

속에서 경찰에 쫓겨 구로구청 4층으로 피신했던 서울대학교 학생 양원태 씨가 4층에서 추락하는 사건이 발생하였다. 그 청년은 평생을 반신 불구로 살아가야 하는 최대의 피해자였다. 사망자도 있었다고 하는데 아직까지 밝혀지지 않고 있다.

그 이름 양원태, 그는 지금도 그렇게 살아야 하고, 또 국가로부터 변변한 지원도 해주지 않고 있다. 나는 양원태 씨에게 빚을 지고 살고 있다. 당시 제13대 대통령선거에서 부정선거 의혹으로 개봉되지 못했던 서울 구로구 을(乙) 우편투표함이 2016년에 29년 만에 개봉됐다.

개봉결과 예상 외의 결과가 나왔다.

예상대로 그 투표함은 부정투표함이었다. 1987년 13대 대통령선거 결과는 노태우 36.6%, 김영삼 28%, 김대중 27%, 김종필 8.1%의 표를 받아 노태우 민정당 후보가 대통령에 당선되었다. 그런데 구로구청 투표함에서는 노태우 72.4%, 김영삼 9.3%, 김대중 13.3%, 김종필 3%였다. 말도 안 되는 높은 수치이었다.

노태우가 전국 득표율의 무려 두 배 넘는 표를 얻었다는 것이다. 이점에서 중앙선관위와 한국정치학회는 앞으로 국립과학수사연구소를 통한 과학적 검증과 함께 당시 사건에 참여했던 관계자들의 구술자료들을 확보해 추가적인 조사와 연구를 계속해 나가겠다며 향후 일정에 대해 설명한 바 있다.

이참에 구로구청부정선거투표함의 진상도 규명되고, 양원태 씨를 비롯한 당시 피해자들을 국가 차원에서 유공자로 처리하기를 원한다. 군 부재자 투표의 실태는 1992년 총선 때 비로소 드러났다. 육군 9사단 28연대의 소대장으로 근무 중이던 이지문 중위는 당시 기자회견을 열어 "단위 부대에 따라서는 중대장이나 인사계 등이 지켜보는 앞에서 (투표를) 찍도록 하는 등 공개 기표행위가 공공연히 이뤄졌다"고 폭로했다.

또한 이 중위는 "기무사 파견 장교가 일부 중대장들을 만나 여당표가 80% 이상 나오도록 하라고 회유 설득했다."고 밝혔다. 이 중위의 폭로는 잇따른 증언으로 대부분 사실로 밝혀졌고, 이를 계기로 1992년부터 군 부재자 투표소가 부대 바깥에 설치됐다. 구로구청부재자투표함을 부둥켜안고 싸웠던 시민들의 저항은 당연한 것으로 부정에 대한 시민의 당연한 저항이었다.

양원태 씨에게 항상 빚을 지고 살아가는 본인은 「1987」 영화가 마냥 즐겁지만은 않다.

1987년 구로구청 진압 장면

나는 평생 빚을 지고 살아가고 있다(2)

5.18 사형수 김종배

1980년 5월, 광주민주화운동이 일어나면서 광주에서는 실제 통계보다도 많은 사람이 죽은 것으로 알려져 있다. 현재 공식 통계상 사망자 542명, 부상자 3,139명, 행방불명자 54명이다. 5.18 당시 사망자 수가 명확히 밝혀지지 않은 이유는 당연 공수부대가 사상자 수를 은폐하고 있기 때문이다. 그러나 언젠가는 그 숫자가 명확해질 것이라 믿는다.

그러나 본인이 빚을 지고 사는 사람들은 5.18 당시 사망자나 부상자가 아니다. 현재 살아 있는 사람이다. 이렇게 말하면 사망자들에게 죄송스럽기 그지없겠지만 현재 나의 마음은 그렇다. 아마도 많은 사람들에게 이미 잊혔거나 잊히고 있을 것이다. 그 이름은 다름 아닌 김종배이다. 5.18 광주민주화운동 당시 그는 「조선대학교」학생으로 시민·학생총위원장이었다.

5.18 민주화운동 당시 7일간 광주 전역에 절도나 강도, 강간, 폭력 등 각종 범죄가 있을 법한데도 단 한 건의 범죄가 없었다는 사실은 5.18 당시 시민·학생총위원회가 얼마나 통제를 잘했는지 알 수 있는 단면이다. 아울러 광주시민이 얼마나 수준 높고, 애국,

애족적이었는가를 보여준 역사이다. 그 기간 동안 김종배는 도청에서 학생 및 시민군을 진두지휘하며 사망자 시신을 수습하였고, 마지막까지 계엄군과 싸웠던 인물이다.

본인이 그해 7월 말경 광주 육군보통군법회의 영창으로 잡혀 끌려갔을 때 그는 사형을 당할 각오로 죽음을 준비하고 있었다. 공교롭게 같은 방을 사용하게 되었는데 놀랍게도 김종배 옆에는 사람들이 같이 앉기를 꺼려하였다. 이유가 가까이했다가는 수사 중이었기에 혹여라도 함께 사형수로 엮일까 두려워 거리를 두는 모습이었다. 본인도 두렵긴 마찬가지였다.

하지만 군대 영창에서 주는 밥은 죽 같은 개밥이었다. 개밥 몇 숟갈로 배를 채우는 시기였기에 조금이라도 더 먹기 위해 수형자들이 벌떼처럼 달려들었다. 그러나 김종배는 중량감 있는 모습으로 이를 지켜보면서 가장 마지막에 밥을 가져다 먹곤 하였다. 그 이후 나는 광주교도소로 이감을 가게 되었다. 그 후 3달 후 쯤 12월 중순에 김종배가 쇠고랑 족쇄를 두 팔에 차고 광주교도소 내 방으로 오게 되었다. 당시 사형수는 쇠고랑 족쇄를 차야 했다.

김종배는 이미 죽음을 맞을지도 모르는 사형수였다. 그러나 기가 죽은 모습은 하나도 없었다. 또 하나의 사형수 정 모 씨가 있었는데 그분은 거의 실신 상태였다. 완연히 대조되는 장면이었다. 그런 그를 놔두고 나는 또다시 서울 성동구치소로 이감을 가게 되었다. 정국은 차갑게 얼어붙었고, 12월 말경 행정고시 합격자가 발표되었다는 뉴스 용지를 교도관이 나누어주었다. 그 속에 현 익산시장인 정헌율 이름도 있었다.

그리고 1년 후 나는 형이 확정되어 전주교도소로 이감을 가게 되었다. 뜨거웠던 7월이었다. 그런데 거기서 다시 김종배를 만나게 될 줄은 정말 몰랐다. 김종배는 다행히도 무기수로 감형되어 전주교도소 독방에서 수형생활을 하고 있었다. 그동안 잘해 주지 못한 미안함, 그리고 갑자기 헤어졌던 순간들, 많은 눈물이 얼굴을 타고 흘러내렸다.

그런 김종배가 어느 날인가 특별사면을 받고 출소했지만 나는 먹고 살기도 힘들어 그를 찾아가지 못했다. 그러다 출판사 일을 하면서 만나게 되었다. 바로 광주 금남로였다. 김종배도 나처럼 보호관찰대상자였고, 요시찰대상자였기에 백수로 살아가기는 마찬가지 신세였다.

다시 만난 교도소 동기

그런데 1997년 총선 당시 국회의원으로 김종배가 당선되어 국회의원이 되었다. 나는 그때서야 다시 김종배를 만날 수 있었다. 당시에 나는 「경실련」에서 활동하면서 무공해 환경비누를 만드는 일을 시민들에게 가르쳐주고, 이를 만들어 팔기도 하는 일종의 환경운동을 하고 있는 중이었다. 이때 농협에 비누를 납품하려고 하니 워낙 고자세라 납품할 수가 없었다. 나는 김종배에게 부탁을 했다. 나쁜 일도 아니고 하니 도와달라고 했더니 그냥 전화 한 통화로 해결해주었다. 철옹성 같은 농협이 그냥 문을 열어주었다.

지금까지도 나는 김종배에게 상무대 영창에 있을 때 잘해 주

못했던 일, 또 먼저 출소하고도 사식 한 번도 넣어주지 못했던 일, 그리고 도움을 받고도 고맙다고도 못한 일, 마지막으로 그 많은 5.18 시신들을 잘 관리하여 현재의 국립묘지가 생기도록 하였다 는 게 너무 고맙고, 평생 빚으로 남아 있다. 요즘 많은 정신적 상 처를 안고, 25세+38세=63세로 환갑이 넘어 백수로 살아가는 김 종배를 볼 때마다 빚에 다시 이자가 붙는 것 같다.

5.18은 현재진행형이다!

[부록]

광복 70년과 5.18민중항쟁

■ 발 제 : **김종배**(5.18 민중항쟁 당시 시민·학생 총위원장)

■ 사 회 : **김상회**(국민대 정치대학원 겸임교수)

사회 : 광복 70년의 한국정치 진단과 평가라는 주제를 가지고 한 학기를 진행하고 있습니다. 한국정치가 걸어왔던 퇴행적인 면은 버리고 긍정적인 요소가 있다면 취해서 더 발전시키는 것이 한국정치를 발전시키는 데 밑거름이 될 것입니다. 정치사적으로 광주 민주화 운동을 빼놓을 수 없습니다.

우리 사회 내부에서 이것이 의거였느냐, 민주혁명이냐에 대해 여러 가지 논의가 있습니다. 개념정립을 못했다는 것은 정신이 계승되지 못했다는 것이기도 하겠습니다. 오늘은 현대 정치사에서 빼놓을 수 없는 대사건인 광주문제가 한국정치에서 어떠한 의미인지, 한국정치 미래와 발전을 위해서 무엇을 제공해주어야 하는가에 대해서 짚어보도록 하겠습니다. 그래서 이번 시간은 김종배 의원님께 어렵게 부탁드렸습니다.

광주 5.18 운동의 중심세력이었고 그중에서도 강경파였고 민주항쟁론을 펼치셨던 분이라고 생각합니다. 광주현장에서 사형선고를 받으실 정도로 강경파셨는데 진실로 어떠한 일이 벌어졌고 참여하셨던 분들의 소망, 그 이후 정계 진출하셔서 광주의 정신, 희망이 한국정치에 제대로 계승되었고 앞으로 정치에 어떠한 영향을 미칠지 얘기해보도록 하겠습니다. 광주문제는 많은 여러분들이 관심을 갖고 있을 것이라고 생각합니다. 좋은 질의 부탁드리겠습니다.

 김종배 : 먼저 소중한 시간을 갖게 해주셔서 영광스럽게 생각합니다. 제가 이 자리에 와서 충분히 여러분들이 원하고 있는 것들을 얘기하고 답변을 할 수 있을지 걱정이 되지만 미흡하고 부족하더라도 여러분들이 이해해 주시고 광주문제를 여러분과 함께 고민한다는 차원에서 오늘 이 시간을 보냈으면 합니다. 제목이 거창해서 상당히 무거운 마음을 가지고 왔는데 여러분과 함께 토론을 한다면 저도 여기서 무언가를 배워 가지 않을까 생각합니다. 제가 발제를 한 후 고민하는 여러분과 시간을 갖도록 하겠습니다.
 우선, 광주운동은 신군부 세력의 정권찬탈에 대해 온몸으로 저항한 의거입니다. 한국정치 이후 무장투쟁이라는 최후의 전투는 한국사회의 변혁에 대한 기념비적 사건임에 틀림없다고 저는 생각합니다. 25년이 지난 지금 광주항쟁은 역사 속에서 민주화 운동으로 자리매김하고 있고 기념일로 지정하여 정부주도하에 매년 기념식을 치르고 있습니다. 5.18 광주항쟁의 희생자들은 국가유공자 우대를 받고 있습니다. 불순분자, 폭동의 누명을 쓰고 군사재판에서 징역을 받았던 이들이 이 땅의 민주화를 위한 인물로 재평가되고 있습니다. 이것이야말로 정의의 승리이고 역사 속에서

재평가 받는 것이라고 저는 생각합니다.

수백 명이 죽고 수천 명이 총, 칼에 부상당했던 5.18 재판에서 학생, 시민들은 취재기자 한 명 없는 서러운 재판을 받았습니다. 그 군사법정에서 사형선고를 받고도 영광이라고 외치며 살아있는 자들은 죽은 자들의 명예를 지키려고 노력했습니다. 그 후 민주화에 대한 모든 이들의 열망은 이 땅의 민주화를 앞당겼고 광주 군사 반란죄를 지어서 역사의 법정에 세워진 것입니다. 저의 발제를 통해서 광주 항쟁의 발생원인과 배경, 현대사적인 의미, 미국의 개입설, 미국의 본질을 이해하는 데 도움이 됐으면 합니다.

광주항쟁의 발생원인과 배경에 대해서 말씀드릴까 합니다. 먼저 그 전에 있었던 부마항쟁과 10. 26사건을 알아보고자 합니다. 「신민당」의 새로운 대표 김영삼 총재의 직무 가처분 결정, 제명조치는 야당까지 정치권 밖으로 내몰았습니다. 노동자, 농민, 재야세력, 야당을 모두 배제하고 탄압하던 박정희는 무너졌고 유신과 민주화운동권과의 극단적인 대립은 불가피했던 것입니다.

김영삼의 직무유기조치에 대해서 민중들은 항쟁으로 폭발했던 것입니다. 대중정치인의 대중성은 민중들을 참여시키는 데 큰 역할을 했습니다. 부마항쟁 당시 박정희 정권은 공수부대를 투입시켰습니다. 부마항쟁의 대응방식을 놓고 권력내부에서는 강경진압의 차지철 경호실장과 온건진압의 김재규가 대립했습니다. 10. 26 사건을 유발시킨 것입니다. 유신독재와 박정희가 무너진 것입니다. 부마항쟁으로 1563명의 부산학생 시위로 시작하여 부산대에 휴교령이 내려졌고, 21개 파출소가 방화, 파손되고 18일 자정에는 부산에 비상계령이 선포되고 군 세력이 들어오게 되었습니다.

파출소, 신문사, 법원, 검찰청 등이 습격당했고 그로 인해 유신 독재의 붕괴는 역사적 필연이었다고 봅니다. 10. 26사건으로 유신 은 붕괴됐지만 또 다른 역사적 반동을 예고하고 있었다고 생각합 니다. 12.12사건은 국내의 강경파인 전두환을 비롯한 신군부들이 군을 장악해서 불안한 예감을 불러일으켰습니다. 신군부 세력이 군 세력을 장악하느냐 민주화 세력이 장악하느냐의 문제였습니다. 그러나 이미 권력은 신군부의 것이었습니다. 야당과 재야세력으로 구성된 민주화운동세력은 김영삼, 김대중 세력이 양분되면서 쿠데 타를 통해서 유신헌법을 철폐하고 새로운 헌법을 통해서 정권수 립방식을 놓고 서로 대립하였던 것입니다.

4.14일에 전두환이 중앙정보부장에 취임하면서 가시화되었습니 다. 권력중심이 신군부 쪽으로 기울자 신군부와 민주화운동세력과 대립이 불가피했습니다. 이미 광주의 유혈진압은 이때부터 예견된 것입니다. 김대중도 구속되었습니다. 그의 투옥으로 민주화에 대 한 열망이 무참히 좌절된 것으로 보였습니다. 그리고 그들의 분노 가 폭발한 것이 광주민주화항쟁입니다. 1960년대 이래 박정희의 광주, 전남의 저개발 낙후성, 정치, 경제의 소외 현상으로 인해 성 난 민중으로 변한 것입니다. 이것이 직접적 원인은 아니어도 중요 한 계기였고 공수부대의 잔인한 진압 작전은 시민들이 총을 들 수밖에 없게 만든 것입니다.

전개과정은 이렇습니다. 신군부의 쿠데타 후에 공수부대와 민주 주의를 갈망했던 학생들이 5. 18일 10시 반쯤 전남대 정문 앞에서 5.17 조치 이후에 최초로 충돌했습니다. 김대중의 체포와 전두환의 쿠데타 소식을 접한 광주 시민은 충격 속에 휩싸였습니다. 시민, 학생들에게 야만적인 폭력을 휘두르는 공수부대의 만행을 보면서 학생들의 투쟁에 시민들은 공감하게 됩니다. 광주공동체를 기억하고 있던 시민은 공수부대 투입이라는 반역의 역풍에 치를 떨면서 오전 내내 전 시가지에 산발적인 시위가 일어났습니다.

18일 오후 3시에 공수부대를 시내에 보내고 계엄군들은 무차별 살육작전을 펼쳤습니다. 신군부의 단계적, 치밀한 군사작전이었습니다. 그에 대해 광주의 학생, 시민은 즉흥적으로 대처했던 것입니다. 공수부대는 특전사령관으로부터 강경하게 진압하라는 지시를 받았습니다. 국방부에서 광주에 대해 논의하던 신군부세력은 계엄군의 증편을 강조하고 그 이후 제3공수, 11공수, 24사단을 보내 살육작전을 치밀하게 준비했습니다. 수만 명의 시민들이 KBS, MBC를 먼저 공격하고 길거리로 나와 봉기했습니다. 5월 18일, 19일, 20일 3일 동안 시민과 공수부대 사이에 밀고 당기는 일이 일어났습니다. 계엄군의 경계선이 도청에 도착했었습니다. 계엄군과 대치하면서 시민들은 각목과 화염병 등을 들고 진격했습니다. 21일 오후 1시경에 전남 도청 앞에서 계엄군은 시 군중을 향해서 집단으로 발포하여 제일 사상자가 많이 발생한 날입니다.

분노한 시민들은 자연스럽게 예비군 무기고를 습격하여 총기를 탈취하여 무장하게 된 것입니다. 다량의 다이너마이트를 확보하고 경찰서를 털어서 소총, 탄약을 가지고 광주시내로 들여 왔던 것입니다. 이날 저녁부터 시민들이 무장하고 시가전을 전개하자 계엄

군이 시 외곽으로 철수하게 되었습니다. 광주전역이 시민들의 해
방공간이 되었고 해남·광진 등지로 전파되었던 것입니다. 25, 26
일은 시 외곽으로 철수하고 경찰 병력도 철수했습니다. 계엄군을
물리쳤던 시민들은 스스로 총기를 반납하고 폐허가 된 시가지를
청소하고 산발적인 투쟁이었기 때문에 조직적인 시민권 사령부인
투쟁위원회를 결성하게 된 것입니다. 이때 제가 시민군 총 위원장
이 되었습니다. 시민군 항쟁 지도부를 결성해서 장기적인 결사를
준비했으며 예비군을 동원해서 계엄군과 장기투쟁을 준비 하는
동안에 계엄군이 도청항쟁 지도부를 진압했던 것입니다.

그때 계엄군이 들어왔을 때 병력 만여 명을 앞세우고 우리 도
청 안에는 그 당시 200여 명밖에 없었습니다. 도청 내부에서 소
요가 일어났습니다. 군이 진압한다고 하니까 그 안에 있던 사람들
사이에서 집에 "돌아가자!" "항복하자!"는 말이 나왔습니다. 그래
서 회의를 거쳐서 여기서 투쟁할 수 있는 사람만 남고 자신이 없
는 사람은 돌아가자고 해서 200여 명 남았습니다. 지금의 현대무
기를 갖춘 만여 명의 군인과 4시간의 교전을 했습니다. 17명 정
도의 인명손실을 봤습니다. 군에서 나온 자료로는 군인도 2명이
죽었습니다. 이 마지막 항쟁이 5.18의 마지막입니다.

그리고 여러분들과 같이 고민할 수 있는 문제는 미국 개입설
문제입니다. 5월 23일 새벽 2시에 참모총장이 한·미 간 협의 사
항이라며 지시한 것으로 보아서 이것은 미국이 광주항쟁을 전후
로 하여 신군부세력과 한국 내의 사태를 논의하고 주한 미사령관
이 자신의 23사단 병력을 광주로 옮기는 것을 승인해 주었다는

사실이 있었기 때문입니다. 미국은 광주항쟁의 책임에 자유로울 수 없습니다. 미국은 이미 12.12 이후 신군부세력을 손들어주고 광주항쟁의 무력진압에 인지, 동의하며 시 확산, 외국의 지원을 봉쇄하는 작전까지 벌인 것입니다. 자국의 이익을 위해 한 것입니다. 이것이 지금의 반미자주화 운동의 기폭제가 된 것입니다. 그 이후 미 문화원 점거 사건이 있기도 한 이유입니다.

현대사적 의미의 광주항쟁은 광주라는 특정한 지역에서 발생했지만 군사독재정권에 대한 거부와 민주주의 발전의 측면에서 볼 때 의미가 있습니다. 무정부상태에서 많은 무기가 시민들의 손에 쥐어져 있었는데도 강도 한 명 없다는 것은 시민들의 공동체능력, 자치능력을 실험할 수 있는 좋은 계기였습니다. 광주항쟁 그 이후 정신을 승화, 발전시켜 한국 사회의 민주주의 발전에 큰 도움을 줬다는 것은 사실입니다. 무력진압에 굴하지 않은 시민정신은 우리 사회의 금자탑입니다. 간단하게나마 5.18 광주항쟁에 대해 아는 범위에서 정의를 해보았습니다.

임길수 : 많은 사상자가 발생하게 된 부분에 대해서 평소 아쉬운 부분은 없으신지요? 광주시민이나 지도자분들이 자연스러운 시민의 항쟁이라고 표현하셨는데 공수부대와 마찰이 생겼던 부분에 대해서 자세히 말씀 부탁드립니다.

김종배 : 사실 저도 마지막 날 5. 27일 도청에서 지도부들이 결사항쟁을 하겠다고 현대식 무기를 가지고 있는 군인들과 대치했

습니다. 상식적으로 싸움에서 이길 수 없었다고 생각해서 일부가 무기를 반납하고 손을 들고 나가자는 온건파가 있었고 끝까지 싸워야 한다는 강경파로 나뉘었습니다. 그때 저는 끝까지 싸워야 한다고 주장했던 강경파였습니다.

훗날 저도 고민했습니다. 17명이라는 사람이 안 죽었을 수도 있었겠다는 생각을 했습니다. 한편으로는 나중에 역사적으로 광주항쟁을 평가하고 볼 때는 마지막까지 우리가 투항하지 않고 투쟁했다는 것은 역사적으로 큰 의미가 있지 않았는가라는 생각도 했습니다. 어떤 것이 옳은 것인지는 저도 아직 고민 중입니다. 17명의 죽음은 아쉬움이 있고요. 도청에 있을 때 우리가 군복을 입은 사람을 잡아왔습니다. 그 당시 우리는 군인들과 싸움을 하고 있었습니다. 하지만 그 군인은 우리를 해치려고 하는 군인이 아니었습니다. 우리의 형제였습니다. 전투교육사령부에 소속된 군인이었습니다. 그래서 그쪽에 전화를 걸어서 가장 안전한 곳을 물어 본 후에 그쪽으로 보내줬습니다. 이성적으로 대처하려고 노력했습니다.

5.18 청문회에서 국가는 시민들이 무장을 했기 때문에 군인이 발포할 수밖에 없었다고 주장했습니다. 그 이후 많은 자료로 대응을 해서 우리가 이겼습니다. 중대병력이 광주시민 5,6만 명이 운집한 장소에 집단으로 발포를 했습니다. 그래서 죽은 사람만 백 명이 넘고 총에 맞은 사람만 해도 몇 백 명이었습니다. 저는 그것을 보고 단호하게 투쟁했습니다. 국민의 재산, 생명을 보호해야 할 군인이 시민을 죽였다는 것입니다. 집단발포 이후에 맨손으로 안 되겠다 싶어서 광주시민이 무장한 것입니다. 그래서 결과적으

로 많은 희생자를 내기도 했지만 군인은 별로 죽지 않았습니다. 시민들이 많이 죽었습니다.

지금에 와서는 학살의 진상들이 거의 밝혀졌습니다. 저는 국가유공자입니다. 5.18 항쟁에 가담했던 자로서 의미 있는 일을 해야겠다고 생각했고, 희생자들을 국가유공자로 지정될 수 있도록 노력해야겠다는 생각이 들어서 합의를 통해 국가 유공자 예우를 받고 있습니다. 하지만 되면 뭐합니까? 많은 어린 학생들이 죽어 갔습니다. 그것을 어떻게 보상합니까? 그 많은 희생자들이 혼이 한국의 민주발전을 위해서 살아 숨쉬고 있다는 것입니다.

그들이 광주학살을 통해서 많은 사람의 희생으로 인해 군사 쿠데타를 통해서 정권을 탈취했다는 깃을 우리는 역사의 법정에서 증명했습니다. 광주항쟁은 우리 정치에서 귀한 자부심을 갖고 있습니다. 5. 21일 저녁에 시민군이 무장을 하게 되니까 계엄군이 외곽으로 후퇴했습니다. 그때 우리 시민은 가진 총을 모두 반납했습니다. 계엄군이 없었기 때문에 우리는 총이 필요 없었습니다. 우리 스스로 무기를 반납하고 치안유지를 하면서 질서 유지를 했던 것입니다.

제3세계 국가에서 광주항쟁을 높게 평가하는 이유가 무정부상태에서 무기를 갖고 있는 상태에서도 질서를 유지했다는 점입니다. 저는 역사적으로 중요한 사건에 참여했던 사람으로서 항상 자랑스럽게 생각하고 있습니다.

질문자 2 : 5.18 군사재판에서 어떠한 대화가 오고 갔는지 궁금합니다.

　김종배 : 제가 정치를 하기 때문에 선거 때 쓰려고 군사재판 사진 하나를 구하려고 했지만 못 구했습니다. 저희가 잡혀가서 7, 8백 명이 재판을 받는데 법정이 좁아서 새로 하나 지었고 우리에게 군복을 입히고 군인수용소에서 생활하게 하면서 재판을 받았습니다. 그때 우리들 사이사이에 군인들이 총을 들고 서 있는 상태에서 재판을 받았습니다. 변호사 한 사람 선임할 수 없는 상황이고 취재기자 한 명 없어서 사진 한 장 없고 굉장히 서러운 재판을 받았다는 생각이 듭니다.

　그때 법정에서 대부분의 학생들, 참여했던 시민들이 너무 당당하게 재판을 받았습니다. 저도 사형선고를 받고 "영광입니다!"라고 할 정도로 할 얘기를 다 하고 우리가 하나가 되어서 싸웠던 것입니다. 최후 진술을 하는 과정에서 우리 사이에 끼었던 군인들이 같이 울음을 터트리면서 재판을 받았던 기억들이 있습니다.

　5월 항쟁 중에 재판기록, 수형생활들이 별로 얘기가 나오고 있지 않습니다. 영창에서 7백 명이 살았습니다. 한 식기에서 한 숟가락씩 나눠 먹으면서 개, 돼지 취급을 받았습니다. 저희들이 맨마지막에 3년 징역살이를 하고 나왔는데 그 수형생활을 하면서 사형수는 자해할 권한도 없습니다. 그래서 손을 묶어서 24시간 생활할 수 있도록 합니다. 6개월 정도 사형수 생활을 했습니다. 5. 27일 새벽에 마지막까지 투쟁을 하면서 끝냈습니다.

　도청건물 2층에서 3층으로 피해서 올라갔는데 세 사람만 남아 있었습니다. 그때 총을 버리고 상황이 끝났기 때문에 걸어 나갔습니다. 항복하고 나갔습니다. 총을 밖으로 던지고 나갔는데 군인들이 저를 총으로 쏘지 않았다는 것에 감사했습니다. 전두환이 사형에서 무기징역, 20년, 10년으로 감해주고 인심을 쓰더라고요. 저도 상당히 용서하려고 노력했습니다. 정치하면서도 용서했는데, 끝까지 그 사람들이 잘못을 인정하지 않을 때는 또다시 그 사람들에 대해서 분노하게 됩니다. 허나 지금은 다 용서했습니다.

질문자 3 : 어린아이들, 학생들, 사회적 약자들이 죽었다고 하는데 그러한 사람들이 나가서까지 투쟁을 해야 했는지요. 엘리트 세력, 지식인들은 무엇을 하고 어떠한 피해를 입었는지, 민주항쟁이 일어난 당시에 통제가 많았는데 언론에서 왜곡된 보도 등 광주민주항쟁이 정치세력이나 군인들에게 미친 민주화운동 영향이 있다고 볼 수 있는데 통제된 주변 시민들에게 미친 그 당시의 영향은 어떠한 것인지 말씀 부탁드립니다.

김종배 : 광주항쟁의 성격규명에 학자들마다 논란이 있습니다. 희생자들 중에서 어린아이들이 있고 나이, 직업과 관계없이 많은 이들이 죽었습니다. 저는 통제로 보면 광주항쟁에 참여했던 이들은 기층민이 많습니다. 하지만 계급적 차원에서 보는 것은 거부합니다. 온 시민적인 의거였습니다. 있는 자, 없는 자, 나이가 많은 자, 적은 자 모두 광주시내로 쏟아져 나온 것입니다. 그래서 하나가 되어 싸웠던 것입니다. 있는 사람들은 먹을 것을 날라주고 실

제적으로 도청에 있을 때 와서 돈도 내놓고 했습니다.

그때 광주항쟁에 소위 기층민들이 많이 참여했다고 해서 계급적 참여로 풀어가는 것은 절대 바람직하지 않습니다. 신군부가 광주항쟁이 전국으로 확산되는 것을 막기 위해 보도를 통제하고 광주시 외곽을 봉쇄하고 언론에서 왜곡보도를 했습니다. 5. 25일경에 두 사람이 독침을 맞아서 죽었다고 합니다. 실제로 도청 앞에 두 사람이 쓰러져 있어요. 그래서 병원으로 옮겨라. 조사를 해보니 프락치들이 마치 도청 안에 있는 사람들 중에 불순분자들이 있는 것처럼 했습니다. 그렇게 해서 내부교란까지 하면서 했었던 기억이 있습니다.

그때는 신군부가 외부로 확산을 막고 언론통제를 하면서 왜곡보도를 했습니다. KBS, MBC, 신문도 마찬가지였습니다. 그래서 국내 신문기자는 아무도 출입 불가했습니다. 외신기자만 허락했습니다. 그래서 광주항쟁 자료를 외신기자들이 많이 갖고 있습니다. 자료가 불란서 기자들이 찍어서 불란서에서 돌아다니다가 우리나라로 반입이 된 것입니다. 그 당시 신문, 방송까지도 전부 왜곡보도, 왜곡방송을 했다는 것을 말씀드리고 싶습니다.

질문자 4 : 처음에 항쟁이 일어난 후에 오랜 시간이 지나서 현실이 밝혀지고 자리를 잡아가고 있는데요. 제가 생각하기에는 마무리되지 않고 지금 진행 중이라고 생각합니다. 그 당시 주도자들이 지금 우리 사회의 기득권세력으로 아직 남아 있는데 항쟁을 주도한 세력으로서 어떠한 점을 매듭짓고 싶으신지요. 그리고 한국사회에서 동일한 사건을 바라보는 사람들 사이에서 의견이 다양한 시각이 아니라 분열된 시각으로 보이고 있는데 시간이 지나면 해결되는 것인지, 아니면 우리나라의 한계인지, 김 의원님의 의견이 궁금합니다.

김종배 : 꾸준히 그동안 문제제기가 되어 왔습니다. DJ도 부담을 가졌습니다. 그래서 저도 싸운 적이 있었습니다. 소원박탈이 일부는 거의 됐을 것입니다. 전직 대통령으로서 전두환은 받고 있을 것입니다. 미제 문제가 있는 것은 사실입니다. 한국은 외국 못지 않게 법의학이 발달되어 있다고 하는데 암매장이 되어 있는 사람을 몇 사람 발굴하고 주인 없는 묘를 밝히지 못하고 있습니다.

무명인들 7,8구 정도를 밝히지 못하고 있는 것은 우리가 상당히 책임이 있다고 생각합니다. 앞으로 그러한 문제가 밝혀져야 한다고 생각합니다. 사상자 문제인데 그 당시 65명이 행방불명이었고 145명 사망했습니다. 행방불명자들을 지금도 못 찾고 있습니다. 그럼 암매장 됐다는 것입니다. DJ 때는 할 수 있다고 생각해서 장관에게 개인적으로 수사를 다시 해야 한다. 광주에 투입되었던 군인을 재수사시켜서 암매장 했던 장소를 밝혀야 하지 않겠느냐. 하지만 그때 못했습니다. 서로 귀찮아 하고 넘어오니 우리 민간에서 하려고 어떻게 합니까. 그러한 것들이 아쉬운 것으로 남아있고 광주에서 문제제기를 지속적으로 하고 있습니다.

지금에 와서 생각해 보니 그 당시 체계적으로 싸움도 못했고 5.18 당시 도청에서 22일부터 무기를 회수하기 시작했습니다. 계엄군이 외곽으로 빠져나가서 무기가 필요 없기도 했고 시민들이 총을 드는 것이 위험하기도 하고 그때 시민들이 와서 무기를 못 내놓겠다는 사람이 있었습니다. 끝까지 싸워야 한다. 우리가 도청항쟁지도부에서 강경파 입장을 가졌지만 그 당시 시민정신을 따라가지 못했지 않았느냐 하는 생각도 지금에 와서 가지고 있습니다. 난리통에서 체계적으로 하지 못했다는 것에 대해서 생각하고 반성하고 있습니다. 그때 당시에 난리통이라 서로 아는 사람들끼리 모여서 하는 것이 아니었습니다. 현장에서 모여 지도부가 형성되고 도청 안에는 탄광에서 가져온 많은 TNT가 있었고 무기가 회수되어 있었습니다. 그래서 저희가 마지막 투쟁 할 때 27일 날 군인들이 들어올 수가 없었을 것입니다. 그런데 나중에 들어 보니 내관을 모두 빼놓았다는 것입니다. 그래서 저희들도 그 난리통이라 저희가 철저히 통제하지 못했고 우리의 잘못이었다는 것을 시인합니다.

질문자 5 : 군인이 쳐들어오기 전에 일주일, 아마도 며칠 동안 무정부상태가 됐다고 하셨고 치안유지를 훌륭히 했다는 평가를 하셨는데 그런 질서 있는 상태가 시민대표들에 의한 합의된 과정에서 유지가 되었는지 아니면 시민들 자발적으로 치안유지가 된 것인지 궁금합니다.

김종배 : 그때 사실은 경찰병력들이 경찰서를 비우고 떠났습니다. 시민들이 무장을 하고 있었기 때문이었습니다. 군인들조차 외

곽으로 철수하고 시민들이 총을 들고 시가지를 누비고 있었습니다. 우리가 치안유지반을 만들고 자체적으로 홍보를 통해서 거리 청소도 하였습니다. 저희가 시민군이었지만 도청행정관리위원도 불러서 우리에게 구체적으로 관이나 쌀을 지원해라. 그래서 약속도 행정지원을 받기로 했었고 죽은 사람을 입관을 시켜서 진열하도록 했습니다.

그런데 날씨 때문에 부패해서 빨리 장례를 치러야겠다는 생각을 했습니다. 우리들 스스로 관을 메고 광주를 활보하면서 우리가 장례식을 치르고 싶었습니다. 그랬는데 27일 계엄군이 진입하자 우리는 다 잡혀가고 진열된 시체들을 강제로 청소차에 실어서 망월동이라는 시립묘지에 묻어버렸다는 것이있습니다. 그때 당시 늘 느꼈던 것은 예비군을 저희가 동원할 수밖에 없다는 것을 생각했습니다. 예비군을 동네마다 경비를 세우면서 준비를 시켰습니다. 저희는 그 당시 순순한 마음이었습니다. 미군이 부산에 정박했다는 것을 신문기사가 알려주었고 저희는 우리를 도우러 온 줄 알았습니다. 그래서 나중에 알아 보니 그것이 아니었고 다시 미국에 대해 생각해 보았습니다. 그리고 후에 부산 미 대사관을 불 지른 것입니다. 반미의 기폭제가 된 것입니다. 자체적으로 치안유지를 하려고 매우 노력했고 치안업무까지 봐서 우리들이 큰 문제없이 항쟁기간 동안에 유지를 했다는 것이 항쟁의 자랑스러운 면이라고 생각합니다.

질문자 6 : 광주항쟁 내부에서 반대했던 사람은 없었는지 그리고 학생들이 동원됐다고 하는데 민주화에 대한 의식이 있었을까. 왜 아이들이 동원되었고 그들을 보호하지 못했는지에 대해서 한 말씀 부탁드립니다.

김종배 : 광주내부에서 반대하는 사람이 있었느냐는 의견에 대해서는 반대한 사람은 거의 없었습니다. 문제를 해결하는 데 있어서 조금 견해 차이는 있었습니다. 희생을 줄이기 위해서 무기를 빨리 반납하자. 끝까지 투쟁하기 위해서 무기를 반납할 수 없다는 것에 대해서 그랬고 나머지 문제는 거의 항쟁기간 동안에 거의 하나가 되어서 일체가 되었다고 할 수 있었습니다. 그리고 어린애를 동원한 것이 아니라 온 시민들이 나온 것입니다. 그래서 아이들, 학생들이 나오게 된 것이지 동원한 것이 아니라 자연발생적으로 일어난 것입니다. 그런 것을 보면 누가 동원한 것이 아니라 그 해방시기에 며칠 동안에 광주시민들이 전부 쏟아져 나왔다고 해도 과언이 아닙니다.

질문자 7 : 유공자에 대해서 질문 드립니다. 5.18 투쟁 당시 옆으로 지나가는 것만으로 유공자가 됐다라고 하는 분도 있습니다. 지금 광주에서는 유공자 자녀가 아니면 공무원 시험의 가산점으로 합격이 불가능하다고 하는데요. 유공자에 대한 무분별한 선정이 있었던 것은 아닌지, 문제와 해결방안에 대해서 의견 부탁드립니다.

김종배 : 저도 상당 부분 책임이 없지 않아 있습니다. 사실 광주의 희생자 가족을 보니까 다들 못삽니다. 보상을 일시불로 받았는데 희생자들 정도는 1억 미만 정도를 보상받았습니다. 그리고 1급, 2급 정도의 부상자들도 그 정도 받았을 것입니다. 1억 정도의 보상을 받아서는 어떻게 그 사람들 위로가 되겠습니까. 그 이후로 조사를 해보니 보상을 받았던 가족 대부분 어렵게 살고 있었습니다. 역사적 피해자들인데 국가에서 보상할 수 있는 방법이 없겠느냐 해서 독립유공자, 6. 25 전사자와 똑같이 그 속에 5. 18 관련자들을 집어넣었습니다. 6. 25 전상자와 독립유공자들이 반대를 하고 성명서를 내고 난리가 났습니다. 그래서 제가 쳐들어가서 설득을 했습니다. 딩신들 기득권 때문에 그렇지만 이 사람들도 희생자들이다. 이 사람들도 국가에서 배려를 받을 수 있도록 설득을 했는데 그렇게 안 됐습니다.

김대중 대통령을 만나서 이것은 정부입법은 안 되고 부담을 줄이기 위해서 의원입법으로 처리하자 해서 이회창 총재가 총재를 맡고 있고 이부영 총무가 「신한국당」을 맡고 있었는데 이회창을 설득시켜서 의원입법을 했는데 김대중이 반대했습니다. 자기는 동진정책을 써야 하는데 광주사람에게 특혜를 주는 것 같아서 하지 못하겠다고 했습니다.

국회에서 제가 나온 다음에 정부입법을 했는데 5. 18유공자 법을 별도로 만들었습니다. 그래서 정부입법으로 만들어서 다른 유공자와 똑같은 예우를 받고 있습니다. 다른 유공자들은 매월 얼마씩 받고 있습니다. 광주는 일시불로 받아서 매월 받는 것이 없습니다. 단순한 혜택은 학자녀들 학비 면제 이 정도 혜택을 받고 있습니다. 그런데 아까 지적하신 대로 기준이 모호해서 광주시청에서 처리하는데 5. 18관련 전부, 아니면 희생자를 해줄 것이냐, 징역 산 사람들 해줄 것이냐. 모두 싹 풀려서 숫자가 워낙 많아서 광주 지역사회에서 그러한 애기들이 있다는 것도 제가 듣고 있습니다. 유공자 자녀가 아니면 불이익을 받는 것. 제가 그것이 잘못되었다는 것은 알고 있습니다. 기준이 모호하다는 것. 하지만 이익을 받는 것이 다른 유공자들과 달리 많지 않습니다.

저도 국가 유공자인데 제가 받는 혜택은 없습니다. 저도 징역 3년 살고 나오고 저도 받을 수 있지 않은가합니다. 단순가담자를 예우하는 것이 문제가 있다고 질문하신 거 같은데 그 정도까지는 안 갔을 것입니다. 공무원 가산점이 5%로 다운됐을 것입니다. 광주지역에 공무원시험을 보는 사람은 불이익이 있다는 것을 들었습니다. 그것은 특수한 지역 상황인 것 같습니다.

5.18 당시 광주

철학사전(개정증보판)과 철학사(전5권)

『철학사전』은 『철학사』(전5권)를 읽는 독자들을 위해 만들어졌다. 본 사전에는 아직도 각종 모순이 중첩되어 있는 이 땅에서 자연과 사회 및 인간 사유의 일반적 발전 법칙을 탐구하여, 올바른 세계관을 수립하고 각종 모순을 인식하고 해결하는 데 초석이 되도록 편찬되었다. 따라서 이 사전은 진보적 철학의 비중을 대폭 높였으며 특히 한국철학에 있어서 새로운 민중적 시각을 통해 재정리하고자 했다. 또한 이 사전은 철학의 근본문제를 비롯하여 여러 문제, 사회관, 인생관, 가치관, 역사관 등의 문제와 기타 철학의 발전과 긴밀히 연결된 사회과학과 자연과학의 논점도 동일한 입장에서 다루었다. 때문에 이 사전과 동일한 입장에서 일관성 있게 집필된 본사 발행 『철학사』(전5권)와 함께 유용한 지침서가 될 것이다.

철학사전편찬위원회 지음/4×6배판 칼라인쇄/고급 서적지 및 고급 양장케이스/정가 350,000원

『철학사』(전5권)는 국내판을 출간하는데 30여년에 걸쳐 기획되고 수정된 책으로 연 40여명의 편집인이 동원되었다. 본서는 1987년 7월 처음 출간되어 1998년 2월에 재편집되었으며 2009년 5월에 3차 증보판에 이어서 이번이 제4차 개정 증보판이다. 대본으로 사용한 책은 「러시아과학아카데미연구소」(Akademiya Nauk SSSR)에서 출간한 『History of Philosophy』(전5권)를 다시 국내에서 우리나라 실정에 맞게 재편집하고 현대적 용어와 술어로 바꾸어 번역한 것으로, 국내판은 고대 노예제 철학의 발생으로부터 자본주의 독점 시대까지의 철학을 재편집하였다.

크라운판 고급인쇄/고급 서적지 및 고급 양장케이스/전5권 세트 정가 650,000원

중원문화 아카데미 新書

중원문화 아카데미 新書